AF274691

ENSÉÑAME
a Comunicar

CÓMO APRENDER EXPRESIÓN ORAL Y ESCRITA MIENTRAS JUGAMOS

Lara Fernández Peña

Saralejandría
ediciones

©

Del texto:
Lara Fernández Peña
Perfil profesional:
@lara_mamaestra
Fotografía de portada:
Rubén Muñoz

Diseño de edición:
Elena Torres Andrés
De la presente edición:
Grupo Sar Alejandría S.L
Edita:
Saralejandría Ediciones
ISBN: 978-84-10105-55-3
Depósito Legal: CS 724-2024

A los niños. A los que un día lo fueron.
A los que nunca dejaron de serlo. No dejéis de
ver el mundo con esos ojos.
A Álex, quien, con su mirada,
me ha enseñado a serlo otra vez.

índice

PRÓLOGO

Querido lector:

Tienes entre tus manos un libro que nos invita a conectar con lo más esencial de nuestra humanidad: la comunicación. Y lo es aún más cuando esa invitación viene de la mano de Lara Fernández, una maestra, periodista y, sobre todo, una madre que ha dedicado su vida a enseñar, a comunicar y a formar lazos a través del lenguaje.

Este libro no es solo una guía pedagógica; es una obra impregnada de amor por la educación y la crianza, de una mujer que ha vivido en carne propia la magia de enseñar, de aprender y de crecer a través de las palabras. En estas páginas, Lara nos

abre una ventana a su mundo, uno donde las palabras son más que simples herramientas; son alas que nos permiten volar hacia un universo de posibilidades. Y es precisamente lo que ella ha hecho con este libro, regalarnos un mapa hacia una mejor manera de comunicarnos, de aprender y de entendernos.

Desde sus primeros recuerdos, Lara sabía que la comunicación formaría parte central en su vida. Esa niña que, con apenas ocho años, ya soñaba con ser maestra y periodista, ha hecho de esos sueños una realidad palpable en cada página de esta obra. Su experiencia como docente de Educación Infantil, su bagaje como periodista y, quizá lo más importante, su vivencia como madre, se entrelazan aquí para ofre-

cernos una obra repleta de pasión, conocimiento y autenticidad.

Lara ha sabido plasmar con maestría algo que muchos intentamos sin éxito: hacer de la comunicación un puente verdadero, uno que no solo conecta palabras, sino corazones y mentes. Su habilidad para expresar ideas complejas de forma sencilla, cercana y, al mismo tiempo, profunda, hace que este libro sea una herramienta indispensable tanto para educadores como para familias. Porque en él no solo se habla de cómo enseñar a nuestros niños a expresarse mejor, sino también de cómo los adultos podemos aprender y reaprender el arte de la comunicación, de cómo podemos ser mejores guías para las nuevas generaciones.

Cada capítulo de este libro es una ventana abierta a la creatividad y a la empatía. Lara nos muestra cómo, a través del juego y de actividades lúdicas, los niños pueden aprender a expresarse de manera efectiva, ya sea oralmente, por escrito o incluso a través de la comunicación no verbal. Nos enseña que la expresión no se limita a las palabras, sino que incluye gestos, miradas, silencios... todo aquello que ayuda a construir lazos más profundos y significativos entre las personas.

Lo más hermoso de este libro es que, aunque está pensado para ser una guía educativa, va mucho más allá de lo académico. En cada una de sus páginas resuena el profundo amor de Lara por la educación, la comunicación y la crianza. Su mensaje es claro: enseñar a comunicarse no es solo una habilidad útil para la vida, es también un acto de amor. Porque, como bien dice ella, la comunicación es el puente más bello que existe para conectar personas, sin importar su edad. Nos recuerda que no solo somos lo que decimos, sino también lo que escribimos, lo que sentimos y lo que transmitimos con cada uno de nuestros gestos.

Este libro, que incluye 80 propuestas de actividades, no solo será útil en el aula o en el hogar, sino que también puede convertirse en una herramienta valiosa para todos aquellos que deseen mejorar sus propias habilidades comunicativas. Porque, en última instancia, el libro de Lara nos invita a reflexionar sobre nosotros mismos, sobre cómo nos comunicamos con los demás y sobre cómo podemos crear conexiones más auténticas y significativas.

Te invito a que te adentres en estas páginas con la mente abierta y el corazón dispuesto. Cada palabra, cada sugerencia, está impregnada de la sabiduría de quien ha dedicado su vida a educar y a cuidar a los más pequeños, con la certeza de que la mejor manera de preparar a nuestros hijos y alumnos para el futuro es brindarles hoy las herramientas necesarias para expresarse con confianza, claridad y respeto.

Al terminar este libro, no solo habrás aprendido más sobre la importancia de la comunicación, sino que, como lector, te sentirás parte de una conversación más grande, una que habla de la importancia de comprender, de escuchar y de acompañar. Así, al igual que Lara ha plasmado en estas páginas su amor por la enseñanza y por la comunicación, estoy seguro de que tú también encontrarás en ellas una fuente de inspiración para acompañar a los niños y, al mismo tiempo, redescubrir tu propia capacidad para comunicar.

Este libro no solo te enseñará a comunicarte mejor; te enseñará a conectar de manera más profunda contigo mismo y con los demás. Y esa, sin duda, es la lección más valiosa que Lara nos regala. Disfrútala.

Gracias, Lara por escribir, educar y comunicar con las otras TIC: tiempo, interés y cariño.

Manu Velasco

Sobre mí
⟨Y el porqué de este libro⟩

> Los límites de mi lenguaje son los límites de mi mundo.
> (Ludwig Wittgenstein)

Cuando una se sienta ante esta hoja en blanco piensa: "¿por dónde empezar a explicar algo que ha marcado toda mi vida?". La comunicación ha estado ahí presente siempre, desde que tengo memoria. No solo porque una vez que aprendí a hablar nunca más volví a callarme (mi familia ya se ha resignado a ello, los que me conocen bien lo tienen claro, y los que acaban de hacerlo lo pueden percibir en esa primera impresión). Sino porque, con solo 8 años, anuncié a bombo y platillo, y de manera definitiva, qué es lo que quería hacer el resto de mi vida: "quiero ser periodista y maestra". Además, podía definir con exactitud qué horario y qué días de la semana quería dedicar a una y otra labor y en qué consistirían concretamente esas tareas: sería maestra de educación infantil de lunes a viernes y presentadora de informativos en televisión los fines de semana. Ahí es nada ¡Qué bonita es la inocencia! ¿Verdad? En aquel momento ignoraba obviamente las condiciones del pluriempleo, la carga laboral, o el exceso de horas, y la conciliación era un concepto inexistente para mí, por supuesto. Por eso ahora, cuando recuerdo aquellos sueños, sonrío con ternura.

Lo cierto es que, como si de un mantra se tratara, ese pensamiento se instaló en mi cabeza ya desde que comenzaba a jugar con la grabadora de mi madre y con mi cassette con micrófono y, en cuanto cumplí los 18 años, me fui de mi ciudad, Ávila, para matricularme en la Facultad de Ciencias de la Información de la Universidad Complutense de Madrid, siempre con la idea de la educación y la infancia resonando de fondo. "Algún día", me decía. Durante los siguientes años trabajé en todo tipo de medios de comunicación (televisión, radio, prensa escrita, prensa digital, agencias...) y con todo tipo de temáticas (política local y nacional, economía, tecnología, sociedad, corazón, realeza, educación...), pero sería necesario esperar unos años más para completar la otra mitad de ese pastel en forma de sueño. Lo hice en la Universidad Internacional de La Rioja, donde cursé el grado en Magisterio de Educación Infantil. La guinda vendría de la mano de uno mucho más potente, el que más, que me perseguía desde que jugaba con mi muñeca Chabel, con mis Barbies y cuidaba a mi hermana pequeña: ser mamá.

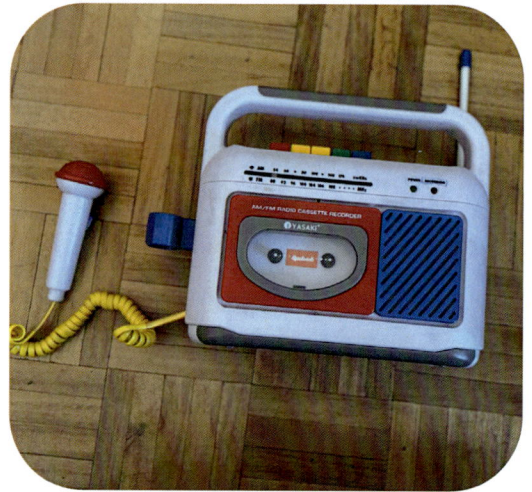

Así que, uniendo esos tres vértices del triángulo, esos tres pilares básicos que son mis tres grandes pasiones (la educación, la comunicación y la crianza), habiéndome convertido en maestra, en mamá y en periodista, no hacía falta darle muchas vueltas al porqué de este libro. Si hay algo en lo que me muevo como pez en el agua dentro de la didáctica, la enseñanza y el aprendizaje es la expresión (tanto oral como escrita), la dialéctica y el lenguaje en general. Y si hay algo que considero necesario y que probablemente no nos han enseñado en nuestra infancia ni adolescencia (nos habría ahorrado unos cuantos disgustos y momentos de vergüenza y malos ratos) es a desenvolvernos con la comunicación. A ser asertivos, a expresar lo que sentimos, a hacer valer nuestras opiniones, a plasmar por escrito al destinatario que sea y de forma correcta lo que necesitamos en un momento determinado.

No es necesario decir que, con estas herramientas, con la educación y la comunicación, se puede llegar tan lejos como uno quiera. En mi caso, un día llegué a Guildford (Reino Unido). Residí allí durante un verano para mejorar mi inglés, y ya mis compañeros de viaje y de aventuras fueron testigos de ese afán comunicativo. Completamente afónica debido al cambio de clima, seguía hablando sin parar tratando de mantener conversaciones que a duras penas podía sostener. Me bautizaron entonces como 'bla bla blara'. Pensé que no podían estar más acertados. ¡Y eso que solo me conocían de una semana!

Este libro creo que, sin saberlo, estaba ahí desde siempre. Cuando me dispuse a elaborar el trabajo de fin de grado de Magisterio, tampoco tuve que pensar mucho el tema: quería unir las dos cosas que sabía y que me gustaban hacer. No dudé en llevar al aula los medios de comunicación a fin de ofrecer recursos a los alumnos del segundo ciclo de Educación Infantil para fomentar y desarrollar correctamente su expresión oral. Esos fueron los cimientos, la primera piedra de este libro que estaba por construir y cuya edificación se completa hoy con lo que tienes entre las manos, y que engloba también otros vértices de la comunicación: la parte escrita y la no verbal.

unir
LA UNIVERSIDAD
EN INTERNET

NIÑOS PERIODISTAS.
LOS MEDIOS, RECURSO LÚDICO
PARA FAVORECER LA EXPRESIÓN
ORAL EN EDUCACIÓN INFANTIL

Autora: Lara Fernández Peña
Directora: Ana Malmierca Hernández
Grado en Maestro de Educación Infantil

Porque sí, quizá seas maestro y has pensado que estas páginas van a poder ayudar a tus alumnos a adquirir esas herramientas comunicativas que son tan útiles en su vida presente y futura. O quizá eres padre o madre y piensas de la misma manera en tus hijos, pero también, y esto es esencial, creas que te puede servir a ti, porque los más pequeños nos examinan en muchas situaciones de nuestra vida y hemos de revisarnos y reaprender. Porque muchos adultos hoy en día estamos formándonos en educación emocional, en uso de pantallas, en habilidades sociales... para no 'suspender' ante nuestros hijos a la hora de acompañarlos a ellos y de transmitirles esas nociones y valores. ¿Por qué no hacer lo mismo con la comunicación, si es una herramienta básica no solo en nuestra relación con ellos, sino también en nuestro día a día con otras personas?

Creo firmemente que la comunicación es el puente más bello que existe para conectar personas, tengan la edad que tengan. Porque no solo somos lo que decimos y cómo lo decimos. También somos lo que escribimos. Y lo que leemos. Así que aquí te dejo esta lectura, con 80 propuestas de actividades, que espero que te descubra un mundo maravilloso tanto con los más pequeños como contigo mismo.

INTRODUCCIÓN

> El medio
> es el mensaje.
> (Marshall Mcluhan)

Puede que llegue el día en que tengamos que hablar con nuestro jefe o que sea necesario hacerlo con gente delante sin que nos entre una urticaria de la vergüenza, porque, reconozcámoslo, a la mayoría nos da miedo y mucha vergüenza hablar en público. Deberíamos también poder transmitir lo que necesitamos a nuestros hijos y a nuestros alumnos, teniendo la certeza de que nos han escuchado y comprendido, no solo oído (porque no es lo mismo). En definitiva, saber que nos hemos comunicado con ellos correctamente.

Del mismo modo, puede llegar un momento en el que quizá tengamos que escribir una carta formal a nuestra empresa, al Ayuntamiento o a cualquier organismo oficial, o incluso nos toca hacer la Declaración de la Renta, firmar un contrato o una hipoteca. Y hemos de poder con ello también. Es importante que seamos capaces de comprender y de expresar correctamente tanto el lenguaje oral como el escrito.

El siglo XXI nos coloca en un punto en el que es preciso tener unas competencias y unas destrezas comunicativas concretas. Nosotros, como adultos y los más pequeños, como niños. Porque **ellos no son el futuro. Son el presente. Ya SON**. Y es necesario tenerlos en cuenta desde el principio y darles todos los recursos posibles para que puedan afrontar cualquier plataforma vital que les toque experimentar. Si, de paso, tenemos la capacidad de fomentar su creatividad, su imaginación y su motivación con experiencias y propuestas que forman parte de su realidad y de la sociedad en la que viven, habremos contribuido (y de qué forma) a ese desarrollo integral de nuestros hijos y alumnos. Les habremos dado alas y les habremos mostrado todo un universo de posibilidades que, creedme, les será de gran utilidad tanto ahora como en su vida adulta.

LA COMUNICACIÓN Y EL LENGUAJE son una parte esencial en el desarrollo y en la vida de la persona. Son dos elementos propios de nuestro entorno y del de nuestros hijos y alumnos. Además, y esto lo sabemos bien los maestros y maestras, constituyen un hito fundamental en la Educación Infantil. Su correcta adquisición es clave para ese desarrollo integral del que hablamos. Sabemos que la expresión oral y las destrezas comunicativas están incluidas dentro del currículum de esta etapa como uno de los elementos a los que hay que atender de forma progresiva, fomentando aquellas habilidades que tienen que ver con la emisión y recepción de los mensajes. Y todo ello para mejorar, después de todo, la comprensión de la realidad y del mundo que nos rodea (Real Decreto, 2006).

¿Y cuál es nuestro papel como adultos? Nada más y nada menos que guiar este aprendizaje y la adquisición de herramientas. En ningún caso dirigirlo. Simplemente acompañar, es decir, **educar para la vida,** pues en ella se nos van a aparecer numerosas posibilidades y ocasiones en las que tengamos que rienda suelta a nuestra expresión oral y escrita.

Porque tanto en el ámbito escolar como fuera de él, los niños van a tener que hacer frente a situaciones en las que habrán de expresarse, tendrán que comprender ideas, conocimientos y sentimientos de una manera adecuada, y muy posiblemente ante un nutrido grupo de personas. Y en este sentido, los recursos que se ofrecen en este libro -desde los que encontramos en los medios de comunicación hasta en los cuentos, pasando por otras dinámicas libres- permiten fomentar la imaginación, al tiempo que van a motivar a nuestros hijos y alumnos dentro de un aprendizaje significativo, que sabemos que es mucho más beneficioso y eficaz. Todo con un objetivo: adquirir esa competencia comunicativa tan necesaria y práctica.

Ahora bien, lo primero que tenemos que saber es que no es lo mismo comunicación que lenguaje, aunque los usemos indistintamente. Cuando hablamos de comunicación, un concepto muy amplio, ¿qué queremos decir?

La Real Academia Española nos dice que comunicar es manifestar o hacer saber a alguien algo, tratar con alguien de palabra o por escrito, establecer medios de acceso, hacer a una persona partícipe, consultar con otros... es decir, no es limitarse a transmitir un mensaje mediante un código común al emisor y al receptor a través de un canal. Ese sería el pilar básico, pero debemos tener en cuenta que el intercambio de información va más allá. Comunicar es esa interacción consciente, una relación que se establece entre todos los miembros y que está presente en prácticamente todos los momentos de la vida, pues somos seres sociales que vivimos en comunidad. Está, por tanto, muy relacionada con los vínculos entre las personas, y fundamentalmente con los que establecemos desde que nacemos, con el apego.

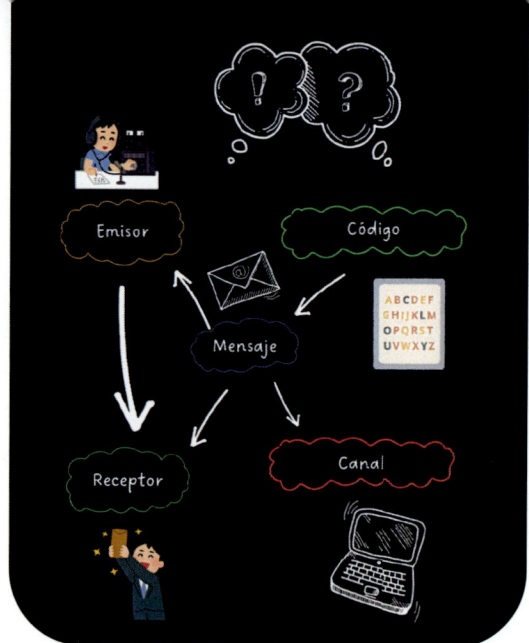

En este sentido:

* El **emisor** es el que produce y emite el mensaje.

* El **receptor** es aquel que recibe el mensaje (estos dos roles pueden intercambiarse constantemente dentro de la misma situación comunicativa).

* El **mensaje** es la información que se transmite.

* El **código** es el conjunto de signos que componen el mensaje y que debe ser conocido por emisor y receptor para que esa comunicación sea exitosa. Puede ser oral, escrito o incluso no lingüístico en la comunicación no verbal (más adelante hablaremos de ella, ya que es tan importante, o más, que la verbal).

* El **canal** es el medio a través del que se transmite el mensaje. Puede ser oral, visual, audiovisual...

Además, debemos tener en cuenta el **ruido** (las interferencias en la situación comunicativa, que pueden ser desde distracciones a problemas técnicos) y el **contexto**, que es lo que rodea a esa comunicación, las circunstancias en las que se produce.

Cuando nos comunicamos, hemos de tener presente (y cuando lleguemos a las actividades nos daremos cuenta), que no solo hay una forma de comunicar. Existen varios tipos de comunicación según el método que se utilice y nuestra misión en este libro es ofrecer alternativas para que nosotros y los más pequeños puedan llegar a dominar el arte de todas ellas y que puedan llegar a convertirse en auténticos maestros de la comunicación, todo ello a través del juego.

Así, encontramos, por ejemplo, la comunicación verbal y la no verbal. Además, dentro de la primera tenemos la comunicación oral y la escrita. Todas ellas las explicaremos a lo largo de estas páginas.

Lo que tiene que quedar claro es que la comunicación no solo es un vehículo o el medio de transporte que nos permite viajar por todo el mundo. Es también un instrumento de representación, de disfrute, de expresión de ideas, de emociones, de deseos y de sentimientos.

Por otro lado, ¿qué es el lenguaje? La Real Academia Española lo define como un "conjunto de sonidos articulados con que el hombre manifiesta lo que piensa o siente", además de como "un sistema de comunicación verbal". Vemos que no es exactamente lo mismo lenguaje que comunicación. El lenguaje es un proceso físico o biológico, que atiende a la capacidad humana que tenemos para comunicarnos a través de gestos, expresiones faciales... Abarca los sistemas que van más allá del modo en el que nos comunicamos.

Aquí también conviene hacer un pequeño paréntesis para diferenciar el habla de la lengua. Mientras que el habla se refiere a las maneras específicas en las que se manifiestan las lenguas, la lengua hace referencia a los diversos sistemas lingüísticos (idiomas, por ejemplo) en sus diferentes vías de presentación. Es el sistema de comunicación de una comunidad o grupo social.

Adquirir el lenguaje se convierte, en definitiva, en una destreza básica del currículum. En él, se recoge desde el desarrollo del movimiento y los hábitos de control corporal, hasta las diferentes formas de comunicación, el lenguaje, las pautas elementales de convivencia y de relación social. Y aquí hacemos una mención no solo al aprendizaje de la lectura y la escritura, que es lo que primero se nos viene a la mente siempre, sino también a las TIC (Tecnologías de la información y la Comunicación), que tienen un papel esencial en las vidas de nuestros hijos y alumnos y en las nuestras.

Así que es vital inculcar un uso responsable de las mismas. No pode-

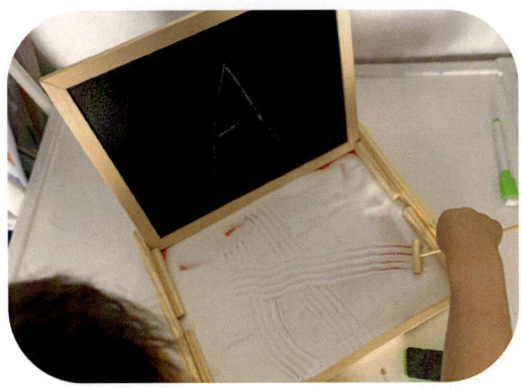

mos negar que vivimos en la sociedad de la información y de las nuevas tecnologías. Inundan nuestra vida cotidiana y necesitamos poder desenvolvernos con cierta soltura (y con todas las herramientas posibles) en nuestro día a día en sociedad y en comunidad, porque la educación para la comunicación deriva, necesariamente, en una educación para la ciudadanía.

LA EXPRESIÓN EN EDUCACIÓN INFANTIL

Sobre cada niño se debería poner un cartel que dijera: 'tratar con cuidado, contiene sueños'.

(Mirko Bardiale)

Sabemos que el lenguaje es un hito fundamental en la Educación Infantil. Su correcta adquisición es clave para el desarrollo integral del niño. La expresión oral y las destrezas comunicativas están, como ya hemos dicho, incluidas en el currículum de esta etapa. Así, se hace especial hincapié en la importancia de fomentar habilidades como la emisión y recepción de mensajes, ademas de como en mejorar la expresión, la creatividad y la comprensión de la realidad y el mundo.

Y es que la comunicación empieza antes de nacer, ¿lo sabías? Mientras que la vista es el último sentido que se desarrolla, el oído empieza a hacerlo incluso dentro del vientre materno, concretamente, en torno a las 20 semanas de gestación. A partir de ese momento, el bebé ya puede responder a ruidos fuertes y puede escuchar desde el útero las distintas voces. La comunicación ya ha empezado, aunque al principio tiene más que ver con la recepción que con la emisión de mensajes.

El llanto involuntario es el primer signo visible que aparece en este sentido (y que a los padres nos genera mucha angustia e impotencia por no poder entender qué es lo que necesitan nuestros hijos cuando lloran).

Poco a poco, además de ese llanto, va haciendo acto de presencia otro modo de comunicación en nuestros bebés: la sonrisa. Ambos forman parte de la llamada etapa prelingüística, en la que se comunicarán con padres, madres y otros cuidadores a través de gestos y sonidos. Aquí también hay balbuceos, gorjeos, fonemas, y otras vocalizaciones que nos llevarán un poquito más adelante al hito más importante que tiene que ver con el lenguaje: la intención comunicativa.

Esta se traduce por el objetivo que tiene una persona al transmitir información. En un principio va asociada a la imitación, como casi todos los aprendizajes que se producen en estas edades. La intención comunicativa es tan importante que es uno de los signos a los que los profesionales suelen prestar atención para detectar posibles dificultades. Suele aparecer antes de la llegada de las palabras y se adquiere entre los 8 y los 15 meses (en torno al año en la mayoría de los casos, aunque ya sabemos que cada niño tiene un ritmo distinto).

¿POR QUÉ ES TAN IMPORTANTE LA INTENCIÓN COMUNICATIVA?

La intención comunicativa va a marcar también el desarrollo de la etapa lingüística, en la que primero somos testigos de balbuceos (como hemos comentado), es decir, de repeticiones de sonidos o sílabas sin un significado claro, pero con un valor crucial. También presenciamos el llamado 'babbling' (jerga), que es un fenómeno de los bebés cuando experimentan con los sonidos y las palabras, como si intentaran practicar con el lenguaje y exploraran ese descubrimiento que hacen de su voz. Posteriormente llegan las primeras palabras, normalmente en forma de holofrases (frases de una sola palabra), con las que transmiten una idea completa sin añadirle elementos.

"Agua", "Dame"...

Son algunos ejemplos. Tras estas holofrases, las construcciones se complejizan en combinaciones de palabras, para terminar derivando en un vocabulario ampliado, en una forma de comunicación que le permitirá al niño representar su entorno y su realidad, expresar su pensamiento y sus sentimientos, configurar su mundo y, por supuesto, interactuar con los demás. Menudo aprendizaje, ¿eh?

Pero es que, además, la expresión es vital en la construcción de la identidad propia y, por tanto, de la personalidad del niño. Los adultos de referencia hemos de tener especial cuidado con el lenguaje que empleamos, pues tanto las etiquetas que inconscientemente podemos colocar (es muy bueno, es un vago, es tonto...) como la forma que tengamos de comunicarnos con ellos y el uso de según qué palabras pueden incidir directamente sobre su autoestima, e incluso determinar la manera en la que el pequeño se relaciona con sus iguales. Es decir, que la empatía, el respeto, la tolerancia y la prevención del *bullying* empiezan aquí. En los padres fundamentalmente, y también en los maestros.

En este sentido, al permitir una interrelación entre su mundo interior y exterior se fomenta no solo la personalidad, sino el desarrollo del pensamiento crítico de nuestros hijos y alumnos, es decir, se forman como ciudadanos libres y responsables. Y eso no es baladí. La capacidad de comprender y filtrar mensajes es tremendamente útil en la era de la 'sobreinformación', del bombardeo constante de mensajes, del 'scroll infinito' (se llama así a la navegación que hacemos por ejemplo en redes sociales y que nos permite acceder a multitud de contenidos con solo bajar el dedo). De ahí que las herramientas comunicativas que podamos ofrecerles se tornen fundamentales para desenvolverse en la sociedad y en la realidad que vivimos hoy.

Si bien es cierto, a lo largo de toda la Educación Infantil, la capacidad de comunicación del niño y, sobre todo, su capacidad de comprensión lingüística siguen siendo limitada. Por el momento predomina el lenguaje oral, que será el previo paso a la lectoescritura. Autores como **Piaget, Vigotsky, Skinner, Chomsky o Bruner** han teorizado sobre su desarrollo recurriendo a distintos paradigmas. No vamos a adentrarnos en sus modelos, pero lo que sí podemos extraer de todos ellos es una premisa: que la capacidad lingüística es el rasgo distintivo del ser humano y que permite el entramado de organizaciones sociales complejas. Es un requisito básico en el que no solo las familias, sino también el aula, tienen una función esencial, pues los niños empiezan a expresarse. ¿Cómo? expresándose (lo que se conoce por *learning by doing* o aprender haciendo), y la casa y la escuela son lugares idóneos para sembrar las primeras semillas de la comunicación.

CÓMO SER UNOS BUENOS NARRADORES PARA QUE ELLOS TAMBIÉN LO SEAN

> El fracaso escolar es un fracaso lingüístico.
> (Gregorio Luri)

Un buen narrador no nace, se hace. Puede tener talento, buenas dotes comunicativas, buen timbre de voz, buena cadencia, pero se necesitan herramientas para desarrollar ese don y practicarlo hasta dar con la tecla exacta. La primera vez que me puse como profesional delante de una cámara de televisión fue como corresponsal autonómica de Televisión Española. Por la puerta grande, que se suele decir. Hacía conexiones en directo varios días por semana para informar de las noticias más destacables de mi ciudad, ya fueran políticas, económicas, sociales, culturales o de sucesos. Tenía apenas 19 años. Una de esas primeras veces recuerdo que me tocaba comentar la aprobación de unos presupuestos tras una reunión (no recuerdo exactamente cuál) y me quedé pensativa durante dos segundos antes de ser capaz de pronunciar la cantidad exacta de dinero a la que me refería.

Nunca he memorizado los discursos *de pe a pa*. Mi técnica pasa por quedarme con un esquema e ideas claves en mi cabeza de forma visual y gráfica e ir desarrollándolas en el momento preciso. Cada uno tiene su manera de percibir y almacenar la información, ya sea visual o auditiva, o bien memorizando exhaustivamente, razonando o incluso subrayando, ¿verdad? De hecho, hay tantas formas de procesar y recibir información como gente en el mundo. De ahí que existan personas neurodivergentes. No hay ningún método mejor o peor. Es recurrir al que te funcione, y el mío me funciona porque rara vez ha dejado a mi mente quedarse en blanco.

Pero ese día la cifra me hizo dudar y me pareció que pasaban horas y no segundos antes de soltarla. Por mi cabeza pasó toda mi vida antes de hablar y sentía que el tiempo se paralizaba. Mis compañeros me llamaron nada más terminar porque vieron mi cara, pero insistían en que había sido una vacilación normal sin más. Nada que ver con lo que yo había percibido.

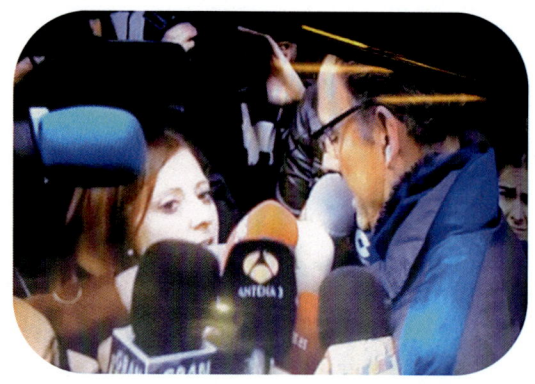

Durante muchos meses no fui capaz de volver a ver esa conexión en directo pese a que mi madre, que había grabado todas mis intervenciones en un VHS de los antiguos -las madres son, además, nuestras mayores fans- lo ponía de vez en cuando.

Aquella intervención pudo traumatizarme e, incluso, llevarme a que el pánico escénico se apoderara de mí y no volviera a aparecer en pantalla, pero aquí es donde entran en escena los adultos y su forma de gestionar este tipo de 'errores', que nunca han de penalizarse ni remarcarse:

* Es vital, pues, esa labor de no quedarse en el fallo, de validar los sentimientos que nos produce, pero siempre haciendo hincapié en que **ese momento no nos define, sino que nos sirve para aprender** y que las inseguridades, los complejos e incluso la frustración son propias del que lo sufre, pero no tienen por qué corresponderse con la percepción que tienen los demás ni con lo que se produce en realidad.

Recientemente un matrimonio amigo me contó una situación similar con una de sus hijas. A ella le encanta leer y escribir y lo hace francamente bien, pero en una intervención escolar (en la que tenía que leer un fragmento bastante largo y complicado) se atascó. Y, como si la historia se repitiese, ahora no quiere volver a verse reproducida en ningún dispositivo. Aquí la forma de proceder de los padres y de los maestros es clave.

* No podemos ni invalidar ese momento quitándole importancia, ni incidir continuamente en el fallo, sobre todo, si la persona en cuestión tiende a ser perfeccionista. Porque esa búsqueda constante de la excelencia nos hace siempre focalizarnos en la imperfección, en el fracaso y no en el proceso y en el esfuerzo.

El perfeccionismo puede volverse traumático o, cuanto menos, disfuncional, y ni se puede controlar todo ni podemos caer en el miedo al error. Podemos frustrarnos, claro que sí. De hecho es más que recomendable generar tolerancia a la frustración, pero una frustración que sepamos manejar y de la que extraigamos aspectos positivos y constructivos. Para seguir esforzándonos, para mejorar, para aceptar que no siempre las cosas salen como uno quiere y no pasa nada. Seguimos trabajando por nuestros logros y por conseguir nuestras metas.

* Es muy importante trabajar en la autoestima de ese niño para contribuir a su desarrollo, pues siempre será más fácil construir niños fuertes que reparar adultos rotos.

Es vital saber que no solo se trata de adquirir habilidades comunicativas que nos puedan servir en diferentes contextos, sino también de comprender los mensajes.

* Y por eso la escucha activa debe ser otro de nuestro aliados como adultos. No interrumpamos a nuestros hijos o alumnos cuando traten de contarnos algo, aunque les cueste arrancar, aunque tartamudeen al principio, aunque no encuentren las palabras. No consiste en completarles las frases, es más bien darles espacio para la expresión, que se sientan libres de hacerlo.

Porque si no se sienten escuchados o vistos difícilmente van a poder comunicarse con libertad o confianza cuando sean adolescentes, precisamente cuando más necesaria se vuelva la comunicación con ellos. Tampoco van a poder hacerlo cuando sean adultos y traten de hacer ver su opinión o sus argumentos en según qué situaciones.

Y todo empieza por el lenguaje oral, porque es el instrumento de aprendizaje por excelencia, es la herramienta básica de la que parten el resto de aprendizajes. Su adquisición va a determinar nuestro desempeño en la vida académica, pero es que también el lenguaje oral va a ser el que permita la regulación de la conducta y la manifestación de vivencias, sentimientos, ideas o emociones. La verbalización, la explicación en voz alta de lo que los niños están aprendiendo, de lo que piensan y de lo que sienten es un instrumento imprescindible para configurar su identidad personal, para aprender, para aprender a hacer y para aprender, en definitiva, A SER.

Hay que dejar que los niños se comuniquen, que expresen sus ideas, que pongan en práctica su creatividad y su imaginación, y que disfruten.

* Podemos convertir nuestra casa o el aula en un espacio lúdico en el que fluye el aprendizaje, en una suerte de ágora adaptado en el que se intercambian impresiones sobre distintos temas que tienen que ver con el día a día, en el que se exponen ideas y se toman decisiones que afectan a todos los miembros. En el que se llegan a acuerdos que van a regir el funcionamiento de ese equipo que es la familia.

No podemos pretender que nuestros hijos o alumnos sepan decir NO, sepan argumentar, sepan expresar lo que no les gusta, ser asertivos, dar su opinión, tener personalidad y saberla manifestar con respeto si antes no se les ha enseñado a hacerlo. Queremos que el día de mañana se levanten contra lo que puedan creer injusto, que defiendan su manera de pensar con soltura y sentido común, que no se dejen llevar y arrastrar por el simple hecho de agradar o porque de lo contrario no serán aceptados en un grupo, queremos que tengan voz propia. Pues bien, démosles esa voz desde ahora, y permitamos que hagan uso de ella, aun a riesgo de que no nos satisfaga todo lo que de ella salga, porque no han venido a este mundo a agradarnos ni a hacernos felices. Han venido A SER.

Igual que está demostrado que la voz de una madre calma al bebé en situaciones de estrés, ya que reduce los niveles de cortisol y aumenta los de la oxitocina (la hormona del vínculo afectivo), nuestra voz también ha de poder conferirles calma en determinados momentos.

* De nada sirve que les instemos a hablarnos bien, sin gritar, sin exigir, con respeto… si nosotros cuando nos dirigimos a ellos lo hacemos por medio de gritos o recurriendo al "porque yo lo digo".

Es como la expresión 'Donde no hay mata, no hay patata'.

No se puede esperar obtener el fruto sano y fuerte de algo que no se ha plantado, cultivado y cuidado con cariño y amor previamente.

Del mismo modo, para que nuestros hijos y alumnos se conviertan en grandes oradores, narradores o expertos en dialéctica es preciso que nosotros empecemos a concienciarnos de la importancia del ejemplo.

* El ejemplo es el arma más poderosa y es, junto con la imitación y el juego, uno de los grandes maestros del aprendizaje infantil. Así que desechemos expresiones soeces, insultos, tacos o juicios hacia otras personas. Tratemos de hablar con corrección, sin acoger en nuestro vocabulario amenazas, chantajes o comentarios despectivos hacia determinados colectivos. Expresémonos con respeto, con voz agradable y suave, con una pronunciación adecuada y una entonación y ritmo fluidos.

No siempre es posible, ni mucho menos. Cuando perdemos la paciencia o estamos cansados igual la voz bonita queda aparcada, pero en la medida de lo que podamos pensemos que tras todo lo que hacemos hay unos ojos mirándonos que nos aprenden a nosotros, tanto cuando les hablamos directamente, como cuando nos dirigimos a terceros estando ellos delante.

No podemos olvidarnos de una de las armas más potentes para favorecer la expresión oral de pequeños, pero también de mayores: los libros, de los que hablaremos más adelante. Quizá pensemos que la lectura mejora únicamente la redacción y la ortografía. Y sí, lo fomenta de un modo espectacular, pero también aumenta el vocabulario, la comprensión y la expresión y estimula sobremanera la imaginación.

* Contar cuentos, narrarles cuentos, ya sean sobre el papel o inventados, va a fortalecer nuestro vínculo con ellos, pero también va a incidir sobremanera en su desarrollo cognitivo, en su soltura frente al lenguaje y, por tanto, en su capacidad para contar, explicar, expresar, relatar, detallar, describir, exponer y narrar.

¿Sabías que también tienen efectos sobre la inteligencia? Por supuesto. Hablábamos antes del desarrollo cognitivo y de conferirles esa herramienta tan necesaria de la expresión oral. Al final su cabeza tiene que estructurar previamente lo que van a hablar y pronunciar segundos después, pero esto es algo que no solo consiguen los libros por cierto. Está demostrado que los niños que aprenden a base de un estilo conversacional abierto desarrollan mejor las funciones prelectoras y la función ejecutiva del cerebro, que es la que se encarga de la inteligencia. Concretamente, las funciones ejecutivas se refieren a aquellos procesos mentales que permiten razonar, prestar atención, concentrarse y regular el pensamiento, la conducta y la afectividad. El estilo conversacional abierto es el que deja la puerta abierta a respuestas libres y no las determina ni las dirige. Por ejemplo: "¿con quién has jugado hoy? (silencio), ¿Y qué tal te lo has pasado? (silencio)". Volvemos de nuevo a la escucha activa, tan importante, que comentábamos antes. Por su parte, el estilo conversacional cerrado está relacionado con un efecto sobre el retraso en la aparición de

la lectoescritura y en la gestión de esa función ejecutiva. Sería algo así como "¿Con quién has jugado hoy? ¿con Luis, con César? ¿y qué tal te lo has pasado, bien no?". En este sentido, no hace falta que les demos las respuestas hechas con la idea de facilitarles el proceso, porque no terminan pensando por sí mismos ni elaborando esa construcción mental que después tiene que salir al exterior.

* En definitiva, si hacemos un repaso para extraer los trucos que nos van a llevar a que nuestros hijos y alumnos sean grandes narradores, veremos que lo importante es trabajarlo nosotros previamente.

Y esto se consigue dominando todo lo que hemos ido mencionando y que tiene que ver con el lenguaje, pero también con el ritmo y la gestualidad. Con la práctica y con el día a día, tratando siempre de moldear y proyectar la voz, de tener una buena dicción, un buen vocabulario, de saber argumentar, negociar, discutir (sí, saber discutir es importante) y expresarse correctamente, evitando muletillas y frases hechas del tipo "¿me entiendes?", "o sea"... Teniendo claro qué queremos contar y cómo lo estamos contando, siguiendo una estructura para nuestro discurso y añadiendo tres ingredientes básicos a esta receta, que pueden servirnos para la educación en general:

humor, empatía
y escucha activa.

MEJORANDO LA ESCRITURA: TIPS PARA FAVORECER LA EXPRESIÓN ESCRITA

> Escribir es la manera
> más profunda
> de leer la vida.
> (Francisco Umbral)

Ya hemos visto que disponemos de la comunicación oral, que es aquella que emplea la palabra hablada y un canal visual-auditivo. Suele ser la más común, la inmediata, la efímera, la simultánea, la que se produce en directo, la que exige la presencia de emisor y receptor, además de su disposición (aunque hoy en día con las tecnologías no es imprescindible que se cumplan todos estos requisitos). Pero no podemos olvidarnos de otro pilar igualmente importante en la comunicación: la expresión escrita, que constituye sin duda uno de los mayores logros y hazañas de la humanidad.

Está basada en la representación del lenguaje hablado, pero mediante símbolos, es decir, mediante la escritura. Tiene la capacidad de perdurar en el tiempo y en la distancia. Del mismo modo, con las tecnologías, puede ser igualmente instantánea. Si bien es cierto, hasta hace bien poco no tenía la versatilidad de la comunicación oral y se caracterizaba por producirse 'en diferido', esto es, que emisor y receptor no necesitaban estar presentes al mismo tiempo para que la situación comunicativa se produjera de una manera exitosa, pero ahora todos estos modelos han cambiado y se han fusionado debido a las nuevas formas de comunicación, a las redes sociales, a Internet y a los llamados 'mass media' (medios de comunicación).

Vayamos por partes. Creo que todos tenemos claro que cada niño tiene su ritmo a la hora de empezar a hablar o a andar, ¿no? Pues con la lectoescritura sucede lo mismo. De hecho, en Educación Infantil los niños tienen una primera aproximación a la escritura a través de trazos y dibujos en la primera etapa de Infantil; y a la lectura, a través de la identificación y reconocimiento de dibujos, letras y palabras posteriormente. Es, de hecho, una etapa de iniciación que puede alargarse hasta bien entrada la Educación Primaria. Será aquí cuando nuestro hijo o nuestro alumno adquiera un dominio de la psicomotricidad fina y empiece a

identificar reglas ortográficas y gramaticales que le serán muy útiles a la hora de leer y escribir.

La escritura es una manera de expresar y representar, de forma ordenada eso sí, mediante signos y códigos que facilitan y mejoran la comunicación. Depende de la correcta lectura de símbolos, signos y representaciones y llega como consecuencia del aprendizaje previo de la lectura, es decir, para poder escribir adecuadamente, hemos de saber leer bien primero. Y para saber leer bien, existen unos cuantos métodos de lectoescritura que conoceremos a continuación:

* **Sintético**: focaliza el aprendizaje en las letras y no tanto en el proceso integral. Dentro del sintético encontramos el **alfabético** (que incide en el aprendizaje del abecedario de memoria, priorizando las minúsculas, después las mayúsculas, posteriormente los sonidos y por último las sílabas, las palabras y las frases), el **fonético** (que se centra en la pronunciación y fonemas, apoyándose en imágenes) y el **silábico** (que hace hincapié en las vocales, después en las consonantes y tras ellas en una combinación de las mismas, apoyándose también en imágenes y en palmadas).

* **Analítico:** parte de un texto que va dividiendo y segmentando. Da importancia, por tanto, a la memoria visual. Aquí encontramos el método **global** (parte de la palabra y la frase global con todo su significado para después ir desgranando) y el **léxico** (incide en las palabras y las relaciona con imágenes).

* **Mixto:** aúna aspectos del método sintético y del analítico.

Es importante dejar un hueco aquí para la **Gestalt,** cuyo paradigma emplea la experiencia sensorial, la conciencia, la parte emocional y el contexto para que el aprendizaje de la lectura se convierta en una experiencia única y fortalezca la comprensión lectora. Tampoco podemos olvidarnos del **enfoque constructivista** de Piaget, que valora la experiencia activa y la interacción con el entorno.

Este breve repaso teórico seguro que nos ha traído recuerdos al rememorar cuál fue el método con el que aprendimos nosotros cuando éramos pequeños.

Ahora podemos ya entender por qué unos niños aprenden de una forma y no de otra, o qué consecuencias o dificultades pueden traer aparejadas unas técnicas u otras (dislexia, errores gramaticales u ortográficos, dificultades de comprensión lectora...).

Pero vamos al 'turrón', es decir, a los truquitos para favorecer la expresión escrita. No hay una receta mágica, es importante dejarlo claro, pero sí claves que nos pueden facilitar esa corrección a la hora de leer y de escribir. Porque escribir bien no es siempre escribir bonito, aunque la mayoría de la gente pueda pensar lo contrario.

En realidad la sencillez es la base. Menos es más. ¿Por qué? porque empezar siguiendo un orden sin florituras facilita mucho la comprensión del otro y nos ayuda al mismo tiempo en nuestra propia redacción y organización. En este sentido, la fórmula:

sujeto + verbo + predicado

Va a ser nuestra mayor aliada. Eso sí, hay que tener en cuenta que las repeticiones son tediosas, así que en determinados momentos podemos suprimir el sujeto (si ya sabemos a quién nos referimos) y recurrir a los sinónimos, que son un salvavidas magnífico. Para ello, vamos a incidir en la primera premisa y la más importante para tener una adecuada expresión escrita: leer con frecuencia. No me cansaré de repetirlo, nuestros mejores maestros van a ser los libros. Leer te permite viajar y conocer otros mundos y otras realidades, pero también te permite enriquecer el vocabulario, saber cómo se escriben ciertas palabras, cómo se utilizan, aprender nuevas expresiones y, en definitiva, expresarte mejor tanto por escrito como oralmente, como ya hemos visto, porque leer no es solamente un acto intelectual, sino que es también un acto social.

Podemos dar algunos tips básicos a la hora de escribir, pero sabiendo que no estamos ante un manual de ortografía y gramática.

* Lee en voz alta el texto en cuestión después de haberlo redactado.

* Ten un diario para plasmar situaciones, emociones o vivencias; es de lo más útil para practicar.

* Evita tópicos, muletillas o frases hechas del tipo 'marco incomparable', o 'lo que quiero decir es'...

* Es preferible el uso de la voz activa que el de la pasiva ('El fuego fue apagado por los bomberos' es más enrevesado que 'Los bomberos apagaron el fuego').

* La puntuación va a determinar las respiraciones de la persona que lo lee. Tenlo en cuenta.

* Después de un sujeto no va coma, por regla general.

* Evita el queísmo y el dequeísmo (por ejemplo, 'acuérdate de que' y 'creíamos que'. Por otro lado, 'deber' y 'deber de' no se usan con el mismo fin...).

* 'Por qué' y 'porque' no son sinónimos, 'deber' y 'deber de' tampoco, y 'A ver' y 'haber' tampoco tienen un uso similar.

* Las frases y párrafos, cuanto más sencillos y directos, mejor. Como decía Hemingway, "la prosa es arquitectura, no decoración de interiores".

* El punto y coma existe y está bien usarlo.

Por último, una buena idea para convertir a nuestros hijos y alumnos en unos buenos escritores es participar en clubes de lectura infantiles, hacer juegos de roles o favorecer la creación de historias en grupo. Cualquier dinámica, sobre todo en grupo, va a favorecer no solo ese dominio de la expresión escrita (y oral), sino que les va a dar recursos para trabajar en equipo y les va a permitir asimilar valores como la tolerancia, el respeto, la escucha, el respeto a los turnos de palabra, el compañerismo...

Movimientos como los 'boy scouts' o los 'girl scouts' van en línea con esto que comentamos. Aunque no es necesario ponérnoslo difícil ni rebuscar demasiado. Simplemente practicar algún deporte, aprender inglés, participar en concursos de dibujo, de redacción, jugar a *scapes room*, *gymkanas*... hay centenares de situaciones que son, desde luego, una oportunidad de aprendizaje para nuestros hijos y alumnos, para practicar su destreza comunicativa tanto oral como escrita y hemos de aprovecharlas.

LA COMUNICACIÓN NO VERBAL TAMBIÉN EXISTE

> Lo más importante de la comunicación es escuchar lo que no se dice.
>
> (Peter Drucker)

¿Y qué pasa con la comunicación no verbal? No podemos ni queremos olvidarnos de ella. Es verdad que no incluye la palabra y los códigos lingüísticos, sino gestos, sonidos, miradas y posturas del cuerpo. Además, requiere de una interpretación por parte del receptor. Es, de hecho, la que más habitualmente marca las relaciones y los vínculos entre las personas, porque muchas veces se realiza de manera inconsciente y tiene una importancia vital en esas interacciones. Es, en definitiva:

'lo que no se dice'

y puede llegar a determinar si una comunicación es satisfactoria o exitosa, o no. Tiene, por tanto, un gran valor comunicativo que vamos a explicar.

Mientras que la comunicación verbal (oral y escrita) es la que recurre a un código compartido entre emisor y receptor -normalmente un idioma común- y es exclusiva de los seres humanos, la comunicación no verbal es un complemento a la oral. ¡Y qué complemento! Puede llegar, incluso, a contradecirla. Si eso ocurre, para que nos hagamos una idea, el receptor o destinatario va a priorizar siempre o casi siempre la comunicación no verbal. Será la que se imponga, casi con toda seguridad, en esa interacción. Por ejemplo, si decimos que estamos muy nerviosos, pero con nuestra expresión no verbal estamos transmitiendo calma, nuestro interlocutor va a percibir tranquilidad por nuestra parte. Y esto solo es una breve muestra sin más trascendencia, una situación sin importancia, pero imagina qué de situaciones, confusiones y malentendidos pueden desencadenarse por una incoherencia o por una contradicción entre lo que decimos y lo que no decimos, pero que acabamos mostrando.

Tanto es así, que el antropólogo y psicólogo estadounidense Albert Mehrabian aseguraba que:

* **solo el 7%** de la comunicación está compuesta por las palabras y por su contenido;

* mientras que **el 38%** lo determina la voz y sus variaciones, es decir, la entonación, el volumen...

* **y el 55%** restante lo marca el lenguaje corporal. Sorprendente, ¿eh?

Sin embargo, la comunicación verbal no solo ocurre con la expresión del cuerpo. La cara es el espejo del alma y no es una frase que se diga porque sí. Una de las formas más poderosas de comunicación no verbal viene determinada por el contacto visual. Y se usa con intencionalidad en muchos ámbitos: en el terreno político, en el laboral, también en la crianza... De hecho, constituye prácticamente un fenómeno psicológico objeto de estudio.

En relación con el rostro, es en este punto donde queremos hacer un inciso. Vamos a dar un truco en forma de gesto, de mirada, para ser más exactos, con la que podemos mejorar nuestras comunicaciones y nuestra relación con los demás. Parece fácil, ¿verdad? Apunta:

* Cuando la otra persona esté hablando, dirige la mirada al triángulo que queda entre los ojos y la boca. Tu interlocutor sentirá que estás mirando a los ojos y la interacción fluirá mucho mejor. Esa persona percibirá que le estás escuchando y observando de manera activa.

Y es que la comunicación no verbal es uno de los puntos que caracterizan la nueva definición de competencia comunicativa. Ya no es que no exista un predominio exclusivo de los códigos lingüísticos en favor de los no verbales, es que estos influyen hasta extremos insospechados. Y en esto ha tenido mucho que ver un gran impulsor como es el mundo audiovisual.

Una vez nos adentramos en la comunicación no verbal, encontramos varios tipos:

* **Paralingüística:** está vinculada con los aspectos no semánticos

del lenguaje: tono de voz, ritmo, volumen, silencios, timbre...

* **Kinésica:** la que tiene que ver con el movimiento y la expresión corporal.

* **Proxémica:** estudia la proximidad y distancia de las personas cuando hablan entre ellas.

Además, algunos añaden también la variante icónica (que tiene que ver con la imagen), la cronémica (analiza el tiempo según los hábitos sociales y culturales), la postura, los gestos, etc.

Llegados a este punto, sí considero relevante que nos paremos en la lengua de signos -sistema de comunicación visual y gestual para personas sordas o con dificultades auditivas-. Más concretamente (por la temática que nos ocupa) en la comunicación no verbal de los bebés, también llamado 'baby signs'.

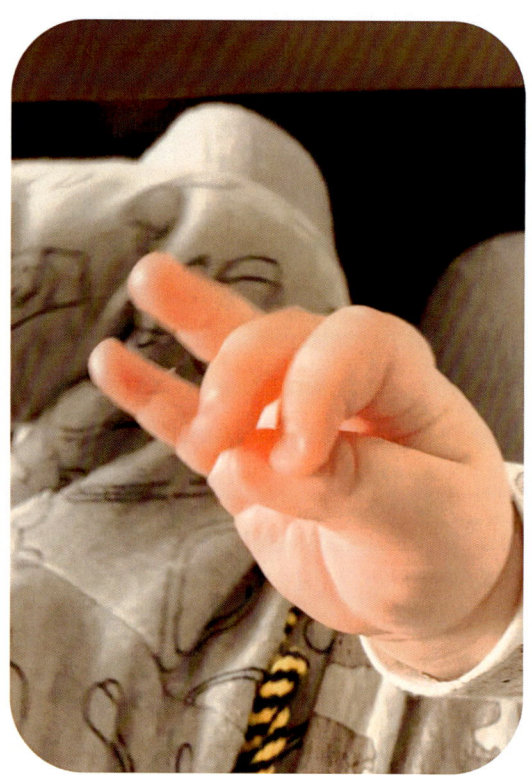

EL BABY SIGNS

¿Qué es el 'baby signs'? Es una herramienta de comunicación temprana para los más pequeños, que está formada por signos o gestos intuitivos con el fin de facilitar su aprendizaje cuando aún no se comunican de manera oral. Fue creado por Linda Acredolo y Susan Goodwyn en el año 1982 (no es una moda de ahora como podemos ver, sino que existe desde hace más de 40 años). Estas doctoras en psicología se dieron cuenta de que los bebés de entre 9 y 24 meses pueden perfectamente hacer signos con sus manos para referirse a palabras que todavía no son capaces de pronunciar.

Es una herramienta de lo más eficaz y puede empezar a practicarse con nuestros hijos y alumnos a partir de los 6 meses de vida. Obviamente a esa edad no van a devolvernos los signos, pero sí empezarán a interiorizarlos y a asociarlos a las palabras que pronunciemos mientras las vayamos escenificando. Podemos, asimismo, ayudarles a coger sus manos y a realizar juntos el gesto de signar. La rutina y la repetición nuevamente van a ser nuestras aliadas y, siendo constantes, irán adquiriendo esta técnica, sobre todo, con aquellos términos más familiares y que más usemos al cabo del día: **comer, beber, dormir, cambiar el pañal, biberón o teta, más, agua...** Posteriormente podremos ir incorporando animales, colores, miembros de la familia o expresiones diversas que sean recurrentes en nuestro día a día.

Y es que, aunque parezca una herramienta de comunicación sin más, tiene beneficios tanto en el desarrollo y adquisición del lenguaje como en la reducción de la frustración y, por tanto, de las explosiones emocionales y rabietas. De tal forma que al sentirse comprendidos y, al mismo tiempo, comprender a sus figuras de referencia, ya no requieren del llanto ni de los berrinches para hacerse entender. Así que su desarrollo emocional, su confianza, su autonomía y el vínculo afectivo con nosotros, los adultos que los acompañamos, se ven influidos de manera muy positiva. Al final, este modo de comunicación favorece el aprendizaje por imitación (que ya hemos visto que es una de las formas más efectivas de aprender en estas etapas) y mejora directamente la relación con nuestro bebé.

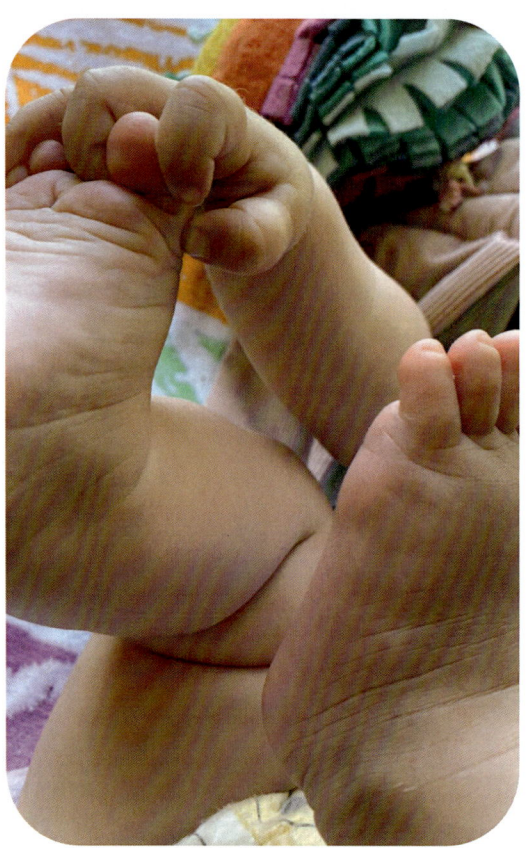

Asimismo ejerce de puente hacia el habla. No es verdad esa leyenda extendida que se escucha en ocasiones de que si signan no van a hablar o que lo hagan más tarde, como se cree. Todo lo contrario. Al aprender a asociar cada signo con su palabra y familiarizarse antes con esta -la escuchan hasta tres veces más que si no se signa-, la interiorizan. Eso les permite hacer uso de una capacidad comunicativa desde edades tempranas que de otro modo no sería posible. También facilita la adquisición de vocabulario y acelera la comunicación verbal, así como el desarrollo intelectual. Y, si signamos y pronunciamos en dos idiomas distintos, hasta podemos fomentar el bilingüismo. La evidencia científica, incluso, nos ha dejado claro que el 'baby signs' incide directamente en el desarrollo de las inteligencias múltiples que tanto promulgaba Howard Gardner (concretamente en la inteligencia interpersonal, lingüística, corporal y cinestésica, intrapersonal… por nombrar solo algunas). Y va a favorecer la curiosidad y el asombro de nuestros hijos y alumnos, que son dos de los rasgos diferenciales del aprendizaje por excelencia. Hay evidencias de que estos niños preguntan más y tienen una mayor curiosidad por el mundo que les rodea al haber sido estimulados con la forma de comunicación conocida como 'baby signs'.

LA IMPORTANCIA DE LA COMUNICACIÓN NO VERBAL EN LA CRIANZA

> Nuestros hijos no aprenden nada de lo que les decimos, nos aprenden a nosotros.
>
> Mar Romera

Hemos sido testigos de lo fundamental que es la comunicación no verbal y de cómo puede determinar, marcar, condicionar y hasta modificar cualquier comunicación o expresión oral. Ser conscientes de ello nos va a permitir, a los padres, madres y docentes, relacionarnos de una manera mucho más efectiva y afectiva con nuestros hijos, con nuestros alumnos y, por supuesto, con otros adultos. Y es que, según hemos visto, la comunicación no verbal representa el mayor porcentaje de influencia en una interacción o en el intercambio de mensajes. Según el psicólogo John Gottman, puede llegar hasta el 80%.

Además, cuando hablamos de la infancia, hablamos de una etapa extremadamente vulnerable en la que la mielina, la formación de neuronas, la sinapsis o, en definitiva, el desarrollo cognitivo y cerebral está en plena ebullición. Y es aquí donde la comunicación no verbal se antoja crucial. A través de ella podemos generar amor, seguridad, confianza, apoyo, vínculo, empatía... pero también miedo, confusión, falta de autoestima, inseguridad... Por tanto, la comunicación no verbal es otra arma poderosa en la educación y en la crianza de nuestros hijos y alumnos.

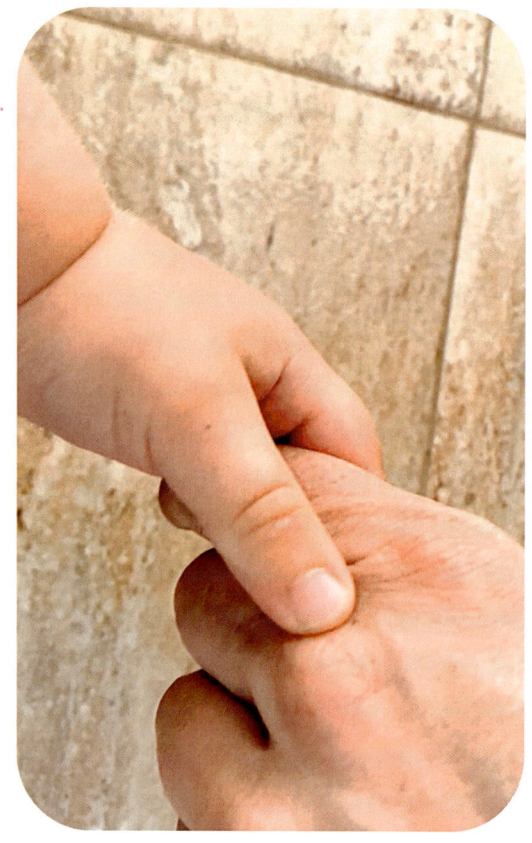

El secreto para crear y promover un ambiente de comunicación positiva a través de la comunicación no verbal no es otro que la coherencia. **La coherencia entre lo que decimos de manera verbal y lo que estamos expresando** con nuestros gestos, con nuestro cuerpo, con nuestro tono de voz, con nuestro contacto visual, con nuestra escucha activa y con nuestras expresiones faciales. Por eso tenemos que estar seguros de que enviamos un mensaje claro, de que nuestras palabras están alineadas con nuestros gestos. Porque aplicando esta comunicación no verbal al ámbito de la educación y la crianza:

* Les ayudamos a regular sus emociones y a identificarlas.

* Incidimos en su inteligencia emocional, según Daniel Goleman.

* Promovemos el vínculo, en palabras de María Montessori.

* Modelamos su comportamiento asertivo, respetuoso y cargado de empatía.

* Favorecemos la comunicación familiar o grupal y la confianza entre sus miembros.

* Impactamos directamente sobre la autoestima de ese niño, según estudios de Mary Ainsworth.

* Cambiamos la mirada hacia la infancia, ponemos el foco en el niño y no en el adulto.

* Manejamos mejor los conflictos y los límites.

Atentos también a las señales no verbales que emiten los propios niños. Si su lenguaje corporal (aunque su timidez le impida mostrarlo) nos indica que ese niño está incómodo o se encuentra mal, escuchemos y hagamos caso a estos indicadores. Pues de lo contrario le generará frustración y dificultará enormemente la comunicación efectiva entre nosotros.

Y, por supuesto, prestemos atención a la conexión emocional con nuestros hijos y alumnos. No perdamos esa brújula. Para ello debemos estar presentes de manera plena y consciente. Pongámonos a su altura, mirémoslos a los ojos, escuchemos activamente y mostremos interés por lo que nos están comunicando. En este sentido, cuidemos mucho nuestras expresiones faciales. Por ejemplo, no frunzamos el ceño o nos mostremos tensos por muy poca gracia que nos esté haciendo lo que nos están contando. Es difícil, pero intentemos no evidenciar enfado, agresividad o falta de respeto gestual por nuestra parte.

Hemos comprobado, pues, que con la comunicación no verbal estamos enviando mensajes vitales durante esa interacción. Así, si no queremos que ese niño, ya sea nuestro hijo o nuestro alumno grite, **lo último que tenemos que hacer es pedirle gritando que no grite,** porque no se va a quedar con lo que estamos diciendo, sino con cómo se lo estamos diciendo. Del mismo modo, **si no queremos que le quite de manera brusca un juguete a otro niño, no podemos arrebatárselo de las manos,** porque el mensaje y el aprendizaje que le va a quedar es ése, el de la acción que hemos llevado a cabo.

¿Qué cosas podemos hacer entonces?

* No cerrar los brazos mientras contamos o nos cuentan algo (pues nos estamos mostrando 'cerrados' a esa interacción.

* Tocar el brazo de nuestro hijo o alumno o bien cogerle la mano para que sepa que le valoramos, a él y a lo que nos está relatando.

* Mantener el contacto visual con él.

* Ponernos a su altura.

* Ser su espejo tanto en expresiones faciales como en el tono de voz a fin de mostrarle empatía y no condicionar ni su discurso ni su actitud.

* No poner coto al lenguaje del amor ni escatimar en besos, abrazos, caricias...

* Escuchar activamente y mostrar interés en lo que nos cuenta.

* No hagamos aquello que no queremos que haga y modelemos lo que sí pretendemos que aprenda porque, ya lo sabemos, nuestros hijos y nuestros alumnos nos aprenden a nosotros.

EL RECURSO ESTRELLA: LOS MEDIOS DE COMUNICACIÓN

> El periodismo es un acto de creación.
>
> (Richard Kapucinski)

Los medios de comunicación forman parte del mundo real. No solo del de los padres, madres o maestros, sino también del de nuestros niños. Construyen el pensamiento y el mundo y pueden ser un perfecto recurso educativo, un excelente material didáctico para el desarrollo de la comunicación y de la imaginación de los más pequeños. Ya hemos dicho que a lo largo de su vida presente y futura se van a encontrar con situaciones en las que tendrán que expresar ideas, sentimientos y conocimientos, en casa, en la escuela o en su vida profesional y personal. La comunicación va a acompañarlos siempre.

Los *mass media* y las nuevas tecnologías producen tal impacto que a menudo eclipsan el contenido que se comunica. La forma en la que comunican es mucho más potente y efectiva que el propio contenido. Y esto es algo que tienen en común con **los docentes: la manera en la que transmiten los conocimientos y en la que enseñan los contenidos tiene un impacto mucho mayor que el propio conocimiento en sí mismo.**

Esto no es bueno ni malo, porque lo importante es la forma en la que las personas los utilizan, eso es lo que definitivamente va a determinar su valor. Tienen un gran potencial siempre y cuando se sepan utilizar.

Nos acercan al mundo, pero no son los responsables de educar. Son ya un agente socializador como puede serlo la familia o la escuela, porque no sólo representan y transmiten la realidad, sino que además, y en cierto modo, la crean. Son facilitadores de los procesos comunicativos tanto dentro como fuera del aula. Por eso se requiere un tratamiento educativo que, a partir del uso apropiado, inicie a nuestros hijos y alumnos en la comprensión de los mensajes audiovisuales.

Una educación para los medios que fomente la expresión oral, la comprensión de los mensajes, la creatividad y la motivación a través de los medios de comunicación de una forma lúdica, pero también que les introduzca en el pensamiento crítico y desarrolle en ellos una conciencia y una actitud de selección de información, reflexión, fomento de valores y, en definitiva, ayude a crear ciudadanos libres y participativos, porque la sobreexposición a los medios no implica que se sepa comunicar, que se haga correctamente o que se comprendan los mensajes de forma adecuada.

Y como en esta etapa la competencia comunicativa y las interacciones se enmarcan dentro de lo lúdico, vamos a utilizarlos para lograr un aprendizaje significativo mientras jugamos, porque la creatividad, la imaginación y la motivación son tres pilares básicos sobre los que se asienta la actividad periodística, ya sea en un medio tradicional, audiovisual o imbricado en las nuevas tecnologías. Es precisamente en este punto en el que confluye con el aprendizaje, en el que cobran especial importancia dichos pilares para que pueda ser significativo y se lleve a cabo con éxito y eficacia.

Materiales: Un periódico (Por ejemplo *Primicias News),* tijeras, pegamento y cartulina.

Desarrollo: Cada niño de la clase o cada miembro de la familia seleccionará una noticia con imagen que le haya llamado la atención y se la explicará a los demás. Cada uno recortará las diferentes partes de la noticia (titular, subtítulo, fotografía...) y las pegará en una cartulina. Llega el momento de inventarse una nueva historia que nos inspire esa noticia y de compartirla con el resto. Podemos encuadernar este nuevo periódico elaborado entre todos y depositarlo en el rincón de la lectura.

UNA REVISTA INVENTADA

Materiales: Una revista (por ejemplo *Menuda ciencia, Muy interesante Junior, National Geographic Kids, Pelo pico pata, Sapos y princesas, Popi, Caracola, Disney Junior...*), tijeras, pegamento, cartulina y pinturas.

Desarrollo: Como en la propuesta anterior, seleccionaremos una noticia con imagen que nos haya llamado la atención y se la explicaremos a los demás. Cada uno recortará la noticia y volverá a pegarla en una cartulina. Alrededor de la noticia dibujaremos todo lo que nos inspira. Después les contaremos a todos qué hemos dibujado y por qué. Podemos encuadernar esta revista elaborada por todos y depositarlo en el rincón de la lectura.

PRESENTADOR DE ANUNCIOS

Materiales: objetos cotidianos reciclados, papel, cartón, pinturas, plastilina... cualquier cosa que se nos ocurra, no necesitamos grandes recursos, y cartulinas blancas.

Desarrollo: Cada 'presentador' inventará un artilugio o un producto a partir de los materiales que tengamos a nuestra disposición, y le dará un uso o le asignará una función, es decir, daremos una nueva utilidad a esos objetos o construiremos otros nuevos. Uno a uno iremos presentando nuestro producto estrella y 'vendiéndolo' ante los demás. Tendremos, para ello, que describir sus características y sus funciones y explicar por qué es un invento de lo más útil y necesario. Trataremos de convencer a nuestra 'audiencia'. Una vez terminada nuestra intervención, los demás levantarán su cartulina blanca si les ha convencido la venta, la explicación y, por lo tanto, el invento.

CONCURSO RADIOFÓNICO 'QUÉ SERÁ, SERÁ'

Materiales: Necesitaremos un dispositivo con el que escuchar animales, de medios de transporte, de elementos naturales... y una grabadora.

Desarrollo: De uno en uno, vamos a ir escuchando diferentes sonidos (un timbre, una puerta, un coche, la lluvia, un animal, un instrumento musical, un río, una aspiradora...) y o bien por grupos o de forma individual y por turnos trataremos de ir adivinando de qué sonido se trata. Si lo hacemos por grupos tendremos que consensuar y llegar a acuerdos, así como nombrar a un portavoz.

CREAMOS UN PÓDCAST

Materiales: Programa Audacity, papel y lápiz y dispositivo con sonidos diferentes.

Desarrollo: En primer lugar necesitamos elaborar un guion y lo haremos a partir de dibujos o de palabras (en función de la edad). Ahí incluiremos la historia, así como los efectos sonoros que vayamos a necesitar. Entre todos iremos construyendo el pódcast y lo grabaremos posteriormente. Lo editaremos con el fin de guardarlo para siempre y poder escucharlo las veces que haga falta. Podemos tomar como ejemplo el programa de Radio 5, *Contando cuentos*.

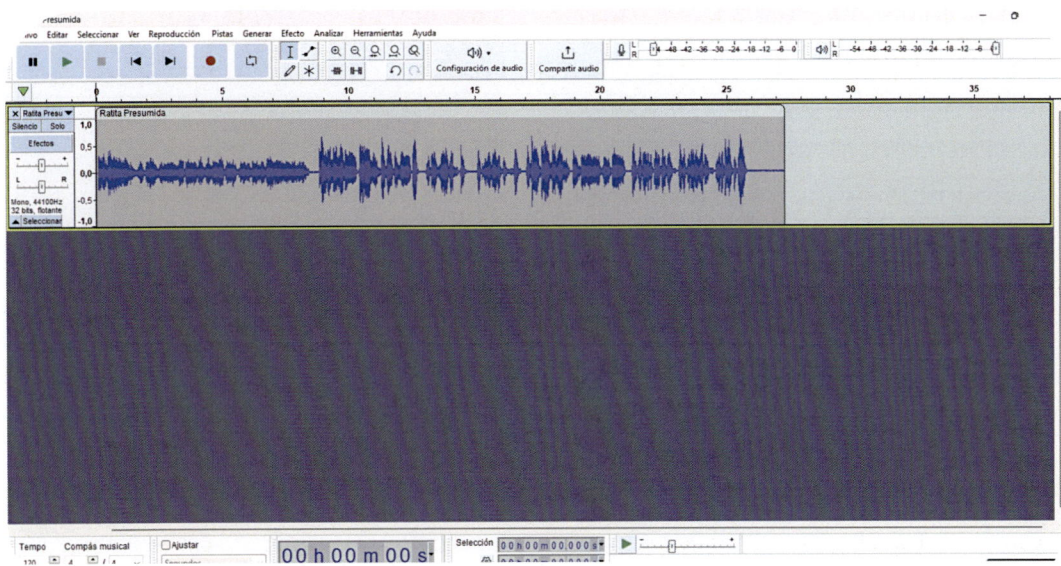

Materiales: Caja de cartón o cartulina, rotuladores o pinturas, tijeras, pegamento o cinta de embalar y papel de aluminio.

Desarrollo: Por parejas, construiremos una cámara de televisión a partir de una caja de cartón o de la cartulina, y un micrófono a partir del papel de aluminio. Decoraremos nuestra cámara y repartiremos los papeles: uno será el cámara de televisión y otro el reportero (después intercambiaremos nuestros roles). El primero grabará mientras el segundo cuenta una breve noticia o historia. Podemos incluso contar con un presentador que vaya dando paso a los diferentes reporteros que están haciendo sus conexiones en directo y que 'cronometre' o mida con un reloj de arena las distintas intervenciones.

REDACTORES DE NOTICIAS

Materiales: Periódicos y revistas, tijeras, una caja grande, papel continuo y cinta de carrocero.

Desarrollo: Cada uno recorta letras, palabras, fotos o cualquier otra cosa que le haya gustado y las introduce en una caja grande situada en el centro del aula o del salón. El primer niño coge un recorte y cuenta a los demás lo que quiera sobre esa imagen o esa frase. Por turnos, el resto hace lo mismo e intenta seguir la historia y que esta tenga un sentido. La idea es componer una gran noticia o historia entre todos y plasmarla después en un mural conjunto tipo 'collage'.

UNA WEBQUEST

Materiales: Internet y un ordenador.

Desarrollo: Las WebQuest son un recurso didáctico basado en una investigación guiada con actividades procedentes de Internet. Incluyen una evaluación a lo largo de todo el proceso y son una fuente de aprendizajes y de trabajo cooperativo. Las WebQuests se diseñan online y permiten motivar mediante la realización de tareas relacionadas con un tema que suelen incorporar preguntas, ejercicios y otras actividades.

¿A QUIÉN ENTREVISTAMOS?

Materiales: Una grabadora o similar, un reloj de arena, papel y lápiz.

Desarrollo: Esta actividad tiene dos modalidades si la hacemos en el aula, y una si la hacemos en casa. En el aula podemos optar por entrevistar, cada niño, a un miembro de su entorno, grabar la entrevista y mostrarla en clase al tiempo que explicamos por qué hemos elegido a esa persona y qué le ha aportado. Una vez en clase, repetiremos el proceso, pero esta vez será un alumno el que entreviste a otro. Se preparará las preguntas por escrito o en su cabeza y procederá a entrevistar mientras el docente controla los tiempos y va dando paso a unos y otros.

En casa, cada miembro de la familia entrevistará a otro del mismo modo que se ha planteado en el aula. Se prepararán las entrevistas, se grabará y el entrevistador compartirá las razones de por qué ha elegido a uno o a otro. Posteriormente podemos intercambiar los papeles para que todos podamos entrevistar y ser entrevistados.

Materiales: Si tenemos en el centro educativo una emisora de radio no necesitaremos nada más. Si no la tenemos o bien nos encontramos en casa, podemos recurrir a un ordenador, una grabadora o cualquier otro dispositivo. Podemos añadirle música y, si queremos, volver a recurrir a Audacity. Reloj de arena (opcional)

Desarrollo: Vamos a desarrollar un programa de radio completo. Podrá ser una tertulia, un programa de música... podemos tomar como referencia el programa *Menudo Castillo* (Radio 21), *La estación azul de los niños* (Radio 5), *La Radio del cole* (Telemadrid), *Crescendo* (Radio clásica), *Pequeradio*, *Con letra*

grande (RNE) o Babyradio. La idea es que cada uno de los participantes pueda dar su opinión o bien ofrecer datos curiosos, información, etc. acerca del tema que se ha elegido. Elaboraremos un guion de ideas previo, en el que incluiremos también las músicas, y, si queremos, para repartir los turnos podemos hacer uso de un reloj de arena.

LOS CUENTOS, NUESTROS ALIADOS

> Una habitación sin libros es como un cuerpo sin alma.
> (Marco Tulio Cicerón)

Puede que nuestros hijos o nuestros alumnos, debido a su corta edad, aún no sepan leer. Incluso puede que todavía no hablen con soltura, pero no por eso hemos de cejar en el empeño de estimular su expresión oral y escrita. ¿Cómo?

* Contándoles cuentos, ya sean inventados o leídos. Además de fomentar esa habilidad estaremos fortaleciendo nuestro vínculo con ellos.

* Teniendo libros en casa destinados a todas las edades (y usándolos. No sirve de nada tenerlos de adorno cual jarrón sobre una mesa).

* Que nos vean leer, que nos vean disfrutar con la lectura. Igual no podemos hacerlo con la frecuencia con la que nos gustaría, pero es importante que busquemos un ratito para leer en familia, juntos o de manera individual, aunque avancemos dos párrafos de ese libro que nos acompaña sobre la mesita desde hace meses.

* Intercambiando impresiones sobre los libros que estamos leyendo unos y otros para descubrirnos mundos diferentes y motivar nuestro interés por la lectura.

Y es que los grandes lectores se hacen en familia y adquirir estas rutinas que comentamos son fundamentales. Tal es así que los niños que escuchan cuentos, ya sea en casa o en el aula, se convierten en niños más seguros de sí mismos, con un mayor desarrollo cognitivo, más creativos y con una pasión mayor por la lectura. Contar historias aumenta la oxitocina y disminuye el cortisol y, por supuesto, incide en una mayor capacidad de expresión oral, con una mayor riqueza lingüística y un mayor dominio de la gramática y la sintaxis. ¿Necesitamos más motivos?

CANTA-CUENTOS

Materiales: Instrumentos musicales, cuentos, ordenador (opcional).

Desarrollo: En ocasiones existen cuentos que incorporan canciones para contarlos de otro modo, o bien plataformas digitales en las que alguien ya ha creado una canción para ese cuento. Si no es así siempre podemos componer nosotros una canción o un estribillo, dado que los cuentos suelen tener rimas o estar escritos partiendo de frases sencillas. Acompañados de instrumentos musicales, podremos cantar nuestros cuentos para hacerlos más amenos y compartir momentos lúdicos en los que la creatividad y la expresión oral están más presentes que nunca.

SIGUE LA HISTORIA

Materiales: Pizarra y tiza o papel y lápiz.

Desarrollo: Por turnos, iremos componiendo un cuento entre todos. Primero uno se inventará una o dos frases iniciales, a las que el siguiente tendrá que ir añadiendo las suyas, y así sucesivamente. El maestro, padre o madre irá tomando nota en la pizarra o en el papel de todas las frases para luego leer, al final, la historia completa y ver en lo que se ha convertido.

'ÉRASE UNA VEZ.' UN CUENTO INVENTADO

Materiales: Objetos cotidianos que tengamos por casa o por clase.

Desarrollo: Cada uno elegirá un objeto (puede ser desde un animal de juguete hasta una prenda de ropa, un utensilio de cocina o incluso un peluche o muñeco). Tendrá que inventarse un cuento a partir de ese objeto. Después le tocará el turno a otro compañero.

PERSONAJES Y LETRAS ELÁSTICAS

Materiales: *Plastilina, moldes y cuentos.*

Desarrollo: *Daremos vida a los personajes a través de la plastilina. Trataremos de identificar colores y rasgos característicos. Una vez los tengamos podremos contar el cuento a partir de nuestras nuevas creaciones. También podemos confeccionar las letras de ese personaje con plastilina si ya las tenemos adquiridas y constituye un centro de interés para nuestros hijos o alumnos.*

DIBUJOS 'DE CUENTO'

Materiales: Un cuento, papel, pinturas diversas (témperas, ceras, rotuladores, goma Eva, fieltro, etc.).

Desarrollo: Leeremos un cuento y, una vez terminemos, dibujaremos o bien alguna escena del cuento o un final alternativo, o bien lo que nos inspire el cuento. Podemos hacerlo con música de fondo y podemos añadir un collage de otros materiales como goma Eva, cartón, fieltro... a fin de incorporar todo lo que se nos ocurra. Fomentaremos la creatividad y la imaginación mientras afianzamos nuestra comprensión auditiva y lectora.

ADIVINA EL CUENTO

Materiales: Cuentos, telas, objetos diversos...

Desarrollo: Por turnos iremos dando pistas para que los demás adivinen el cuento en el que estamos pensando. Lo podemos hacer por grupos o individualmente y podemos ayudarnos de objetos que encontremos y que nos faciliten la explicación del cuento.

¡VIVA EL TEATRO!

Materiales: Cuento, atrezzo, pintacaras, objetos característicos del cuento...

Desarrollo: De lo que se trata en esta actividad es de escenificar y dramatizar el cuento elegido. Para ello, cada miembro interpretará un personaje y trataremos de dar vida a nuestro cuento.

¡MÚSICA, CUENTOS!

Materiales: Música o instrumentos musicales y cuentos.

Desarrollo: Leeremos el cuento. Después nos ponemos de pie y, con la ayuda de música o de instrumentos musicales, daremos rienda suelta a la expresión corporal ¿Cómo? Parando la música en ocasiones, alternando música rápida y lenta, música alta y baja, música aguda y grave, diferentes instrumentos musicales o haciendo incluso bailes para cada parte del cuento. Las coreografías inventadas suponen, además, una diversión añadida a esta dinámica de psicomotricidad.

CUENTOS SENSORIALES

Materiales: Cuentos, una base sensorial como, por ejemplo, arroz, pasta, quinoa, arena, café, avena, bolitas de hidrogel, agua, harina, judías, garbanzos, paja, algodón, sal, trizas de papel, perlas de tapioca, confeti… y elementos variados como conchas, pompones, hojas, piedras, plumas, animales pequeños.

Desarrollo: Montaremos una bandeja sensorial o un minimundo temático del cuento elegido. Si por ejemplo escogemos 'El pollo Pepe', podemos hacer una base de maíz y paja y colocar pompones y varios pollitos encima. La idea es que los peques exploren, se expresen, tengan que buscar objetos y trabajen su destreza manipulativa y comunicativa a partir del cuento en cuestión.

EL MURAL DE LOS CUENTOS

Materiales: Cuentos, papel, pinturas variadas.

Desarrollo: Cada uno elegirá un detalle, objeto o personaje del cuento elegido y lo dibujará. Podrá hacerlo adecuándose a la realidad, o bien versionándolo a partir de su imaginación. Después contaremos el cuento entre todos mientras vamos añadiendo los elementos y confeccionando un mural que podemos colgar para verlo y narrar el cuento siempre que queramos. Además, podemos inventarnos un cuento nuevo a partir de los elementos de nuestro mural.

EL DADO CUENTACUENTOS

Materiales: Un dado grande que podemos fabricar a partir de cartón, gomaespuma, cartulina... usaremos rotuladores o similar.

Desarrollo: Lo cierto es que podemos utilizar tantos dados como queramos. Esta propuesta plantea que en cada lado del dado dibujemos un objeto, que puede ser un animal, una persona, una prenda de ropa, un lugar, una parte del cuerpo, una comida, un utensilio, un juguete... Tiramos el primer dado y según el elemento que obtengamos tendremos que crear un cuento en el que aparezca ese detalle. Podemos tirar el segundo dado para ir añadiendo objetos o bien volver a tirar el mismo. La idea es incluir dos o tres de los elementos por cuento. Posteriormente será otro compañero el que ejerza de narrador de historias. Incluso podemos contar el cuento por equipos y que cada vez tire el dado uno y añada ese elemento al discurso.

AUDIOCUENTO

Materiales: Audacity, grabadora, papel y pinturas...

Desarrollo: En esta ocasión seguiremos la misma dinámica que para el pódcast pero creando un cuento (ver actividad anterior en la sección de medios de comunicación).

LA GYMKANA DE LOS CUENTOS

Materiales: Cuentos, papel, pinturas o lápiz, elementos del cuento.

Desarrollo: Elegiremos un cuento que nos servirá de hilo conductor. Y, o bien por escrito (o con dibujos) o de forma oral, tendremos que ir dando pistas a nuestros compañeros o familiares para que vayan completando una gymkana sobre el cuento. Por ejemplo, si elegimos el cuento de 'Marcelina en la cocina', podemos empezar por dar a todos un delantal y dar pistas para encontrar determinados ingredientes por la casa. También obtendremos pistas por poner bien una mesa o por elaborar una ensalada. Después, podemos hacer un experimento o poción para poder obtener la siguiente pista y, por último, elaborar con plastilina algunos de los alimentos que almuerzan Marcelina y sus amigos. Pruebas, en definitiva, para completar esta dinámica en la que unos darán rienda suelta a su expresión oral o escrita al facilitar las pruebas y otros demostrarán su capacidad comprensiva al escucharlas o leerlas.

OTRAS ACTIVIDADES PARA EL AULA Y PARA CASA

Los niños necesitan dominar
el lenguaje de las cosas antes
que el de las palabras.

(David Elking)

PREESCRITURA CON ARENA

Materiales: Caja de madera, arena, pizarra y tizas o pizarra y rotuladores especiales para pizarra.

Desarrollo: Extendemos la arena en la bandeja y vamos escribiendo letras o palabras (según la etapa en la que nos encontremos) en la pizarra. Tendrán que ir reproduciéndolas en la arena. También puede darse el caso contrario: lo escriben sobre la arena y posteriormente hay que plasmarlo sobre la pizarra. Esta propuesta tiene una variante en la que no necesitamos nada, tan solo nuestra mano. Sobre la espalda vamos escribiendo las letras o las palabras y la persona, que lo va sintiendo en su espalda, ha de adivinar la letra o la palabra que estamos intentando plasmar.

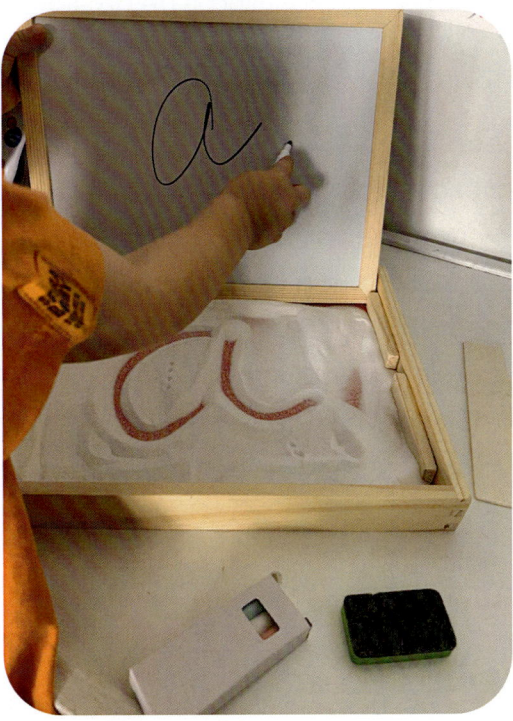

CRUCIGRAMA DE LETRAS

Materiales: Letras de madera, de goma Eva o incluso letras imantadas para el frigorífico. Podemos hacerlas también de plastilina o de arcilla.

Desarrollo: Formaremos nuestro nombre con las letras en horizontal. Después a partir de cada una de las letras que forman nuestro nombre formaremos otra palabra en vertical, a modo de crucigrama. Una vez que las tengamos todas explicaremos qué palabra es y compondremos una canción en la que aparezcan todas las palabras propuestas.

SCRABBLE

Materiales: Letras (las podemos hacer en cartón, cartulina, madera...) hay algunos juegos de letras que vienen ya con las tarjetitas, como la de la imagen. Rotuladores o similar.

Desarrollo: Al lado de cada letra pondremos un número (el valor de esa letra). La idea es ir formando palabras a modo de crucigrama, cuantas más largas (y difíciles) mejor, para obtener la máxima puntuación posible.

BINGO DE LETRAS

Materiales: Recurso imprimible como el de la imagen (disponible en @lara_mamaestra) y moneda grande o similar para marcar las imágenes.

Desarrollo: Consiste en el típico bingo, pero en lugar de números o imágenes tenemos letras. La idea es o bien ir diciendo las letras o bien, según complejidad y etapa cognitiva en la que nos encontremos), decir una palabra que empiece por esa letra. Puede ser el propio niño (o por equipos) los que vayan anunciando las letras del bingo.

JUGAMOS AL TABÚ

Materiales: El mítico juego de mesa Tabú. Podemos improvisarlo con papel, lápiz o cartas confeccionadas previamente. Reloj de arena.

Desarrollo: Formamos parejas o equipos y el objetivo es que el grupo acierte la palabra que se busca antes de que se termine el tiempo. Uno de sus miembros es el encargado de ir dando pistas, pero en ningún momento puede mencionar las palabras prohibidas. Esto es una lista de palabras relacionadas directamente con esa palabra buscada.

ENCAJAMOS NUESTRO NOMBRE

Materiales: rollos de papel higiénico, pintura, un soporte como el de los rollos de papel de cocina o similar.

Desarrollo: Pintamos cada rollo de papel higiénico con una letra de nuestro nombre (o de otra palabra, incluso una palabra por rollo si hablamos de edades más avanzadas y tenemos la lectoescritura algo más afianzada). Iremos colocando en el soporte, y por orden, las letras (o las palabras) hasta formar nuestro nombre o la frase que hayamos elegido.

¿QUÉ COSA ES?

Materiales: Recurso imprimible (disponible en @lara_mamaestra). Velcro o adhesivo, pizarra o cuaderno y lápiz (opcional).

Desarrollo: Imprimiremos los carteles con los nombres de diferentes partes de la casa, muebles o cualquier otro objeto cotidiano que se nos ocurra (espejo, peine, cuento, zapatos, mesa, silla, perchero, mochila, ventana...) y pediremos a los peques que vayan colocando los carteles en el lugar que corresponda. Así, además de ir identificando cada objeto con su grafema (su nombre) podemos nombrarlo cuando hagamos uso de él o incluso crear una frase o un poema con cada uno de ellos. Otra variante de esta propuesta es tratar de adivinar qué objeto es colocando varios carteles en lugar de uno solo y eligiendo el que corresponda. También podemos jugar a replicar el nombre en una pizarra o en un cuaderno.

BUSCA LA SOMBRA

Materiales: Recurso imprimible (disponible en @lara_mamaestra), ceras, papel y palitos.

Desarrollo: En esta ocasión intentaremos identificar y asociar cada letra con su sombra para, posteriormente, dibujar algunas de las letras con distintas ceras de colores. Las cubriremos después con cera negra y con el palito iremos descubriéndolas. Una actividad, sin duda, cargada de sorpresa y asombro.

CREAMOS UNA RECETA

Materiales: Ingredientes variados y utensilios de cocina, papel, lápiz o pizarra y rotuladores especiales. Por ejemplo, podemos elaborar galletas de queso y uva, para lo que necesitaremos harina, queso, mantequilla, huevos, leche, levadura y uvas.

Desarrollo: Vamos a convertirnos en chefs con esta propuesta. Idearemos una receta sencilla que posteriormente podamos elaborar e iremos plasmándola en nuestra pizarra o en nuestro cuaderno con palabras o con dibujos.

Galletas de queso y uva

INGREDIENTES: harina, queso, mantequilla, huevos, leche, levadura y uvas

ELABORACIÓN: Mezclamos todo y le damos forma de galleta. Metemos al horno a 180º durante 20 minutos.

PALABRAS ENCADENADAS

Materiales: Para esta dinámica no se necesita ningún elemento. Se puede jugar en cualquier parte (en el aula, en el patio, en el coche, en la sala de espera de una consulta médica, etc.).

Desarrollo: Uno inicia el juego con una palabra. El siguiente tendrá que decir otra palabra que empiece por la última sílaba (o letra, si nos encontramos ante niños más pequeños) de la palabra que dijo el primero. Y así sucesivamente. Por ejemplo: casa-sartén-tenedor-dormitorio...

PALABRAS SENSORIALES

Materiales: Necesitamos una base sensorial. Puede ser húmeda (agua con harina y colorante, obleck, arena mágica, agua y cacao, barro...) o seca (harina, arena, arroz...). Añadiremos letras pequeñas, en papel, goma Eva o similar que formen distintas palabras.

Desarrollo: Esconderemos las letras en la base sensorial elegida y los niños tendrán que encontrarlas como si de un tesoro se tratase. Posteriormente tendrán que formar palabras con ellas, o bien palabras predeterminadas por nosotros o palabras elegidas por ellos para que trabajen su vocabulario, creatividad e imaginación.

TUTTI FRUTTI O ALTO EL LÁPIZ

Materiales: Papel y lápiz o pinturas. Bolsita con letras (opcional).

Desarrollo: Podemos iniciar el juego de dos formas: seleccionando una letra de la bolsita o eligiéndola nosotros (o uno cada vez). Determinaremos previamente qué categorías vamos a tener como, por ejemplo, nombre, apellido, alimento, animal, objeto de la casa, país, ciudad, río, prenda de ropa, etc. Tendremos que escribir o dibujar en cada categoría un elemento que comience por esa inicial elegida. El primero que termine dirá 'stop' o 'tutti fruti' y el resto deberá parar aunque no haya terminado. Cada uno irá explicando lo que ha puesto y se sumarán tantos puntos como palabras hayamos conseguido encontrar.

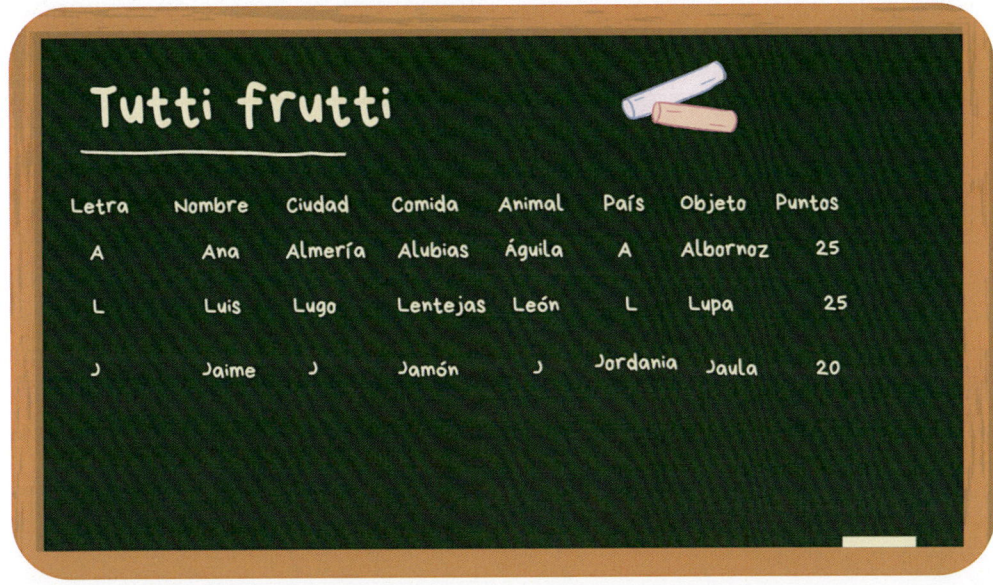

Tutti frutti

Letra	Nombre	Ciudad	Comida	Animal	País	Objeto	Puntos
A	Ana	Almería	Alubias	Águila	A	Albornoz	25
L	Luis	Lugo	Lentejas	León	L	Lupa	25
J	Jaime	J	Jamón	J	Jordania	Jaula	20

INVENTAMOS UN CÓMIC

Materiales: Papel, lápiz, pinturas, rotuladores, ceras...

Desarrollo: Entre todos crearemos un cómic. La idea es aprender a sintetizar, dado que los cómics tienen poco texto pero a partir de él ha de poderse entender la historia. Iremos dando forma a nuestros dibujos y consensuando lo que va dentro de cada bocadillo, así como las onomatopeyas y demás efectos.

Lo dibujaremos y colorearemos. Podemos encuadernarlo para colocarlo en nuestro rincón de la lectura.

COMPONEMOS CANCIONES O POEMAS

Materiales: Instrumentos musicales, papel y lápiz o pizarra y rotuladores. Grabadora (opcional) para que cuando la tengamos podamos inmortalizarla.

Desarrollo: Entre todos compondremos una canción o poema. Tenemos que prestar especial atención al ritmo y a las rimas, así como al contenido de la letra. Además de fomentar la expresión, conseguiremos adquirir soltura con el vocabulario y la expresión oral, así como ejercitar las funciones ejecutivas y la capacidad comunicativa.

GYMKANA, SCAPE ROOM, BÚSQUEDA DEL TESORO

Materiales: Podemos utilizar todo lo que se nos ocurra y que tengamos a mano: papel y lápiz, algún 'tesoro', palabras y frases que esconderemos hasta formar un mensaje secreto, una botella vacía, un cofre...

Desarrollo: La misión de esta actividad es formar un mensaje secreto que nos puede haber dejado un pirata para encontrar su tesoro. Iremos encontrando pistas en diferentes sitios y teniendo que adivinar acertijos, trabalenguas, preguntas, o completando frases de libros o películas para poder avanzar en nuestra aventura. Cada vez que completemos una prueba obtendremos un código, una palabra o alguna pista que nos servirá o bien para encontrar la siguiente o bien para descifrar el mensaje final.

SOY UN MIMO

Materiales: Objetos cotidianos y disfraces (opcional).

Desarrollo: Esta propuesta pretende incidir en la comunicación no verbal, que como hemos visto es vital. Nuestra misión es, tras ponernos por parejas, imitar al que tenemos enfrente, sus gestos, sus posturas, sus acciones... de tal forma que seamos una suerte de espejos. Sin hablar. Solo observando y actuando. Después invertiremos los roles.

SOPA DE LETRAS

Materiales: Papel, lápiz y pinturas o una pizarra grande con rotuladores.

Desarrollo: Crearemos una sopa de letras de la temática que nos apetezca (por ejemplo, el otoño) y los peques tendrán que encontrar las palabras relacionadas que les hayamos mencionado o escrito previamente y las rodearán con un círculo, como las tradicionales sopas de letras. Podemos incluir un reloj de arena para que resuelvan el pasatiempo en un plazo determinado o simplificar o complejizar la actividad en función de la etapa en la que nos encontremos.

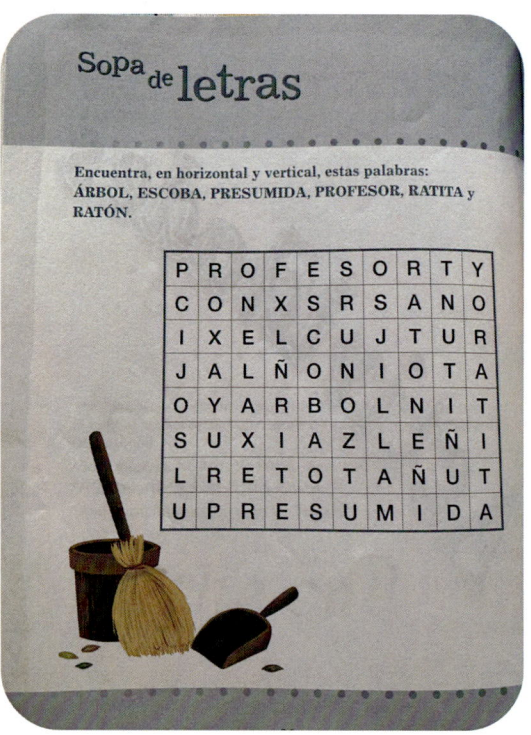

Sopa de letras

Encuentra, en horizontal y vertical, estas palabras:
ÁRBOL, ESCOBA, PRESUMIDA, PROFESOR, RATITA y RATÓN.

P	R	O	F	E	S	O	R	T	Y
C	O	N	X	S	R	S	A	N	O
I	X	E	L	C	U	J	T	U	R
J	A	L	Ñ	O	N	I	O	T	A
O	Y	A	R	B	O	L	N	I	T
S	U	X	I	A	Z	L	E	Ñ	I
L	R	E	T	O	T	A	Ñ	U	T
U	P	R	E	S	U	M	I	D	A

ABECEDARIO DE MI FAMILIA/ DE MI CLASE

Materiales: Pinturas, cartulina, pintura de dedos o témpera, fotografías de los diferentes miembros de la familia o de la clase.

Desarrollo: Confeccionaremos entre todos un abecedario que nos resulte cercano y fácil de interiorizar, y qué mejor forma de hacerlo que con las personas que nos rodean. Corresponderemos cada letra con el nombre de un familiar o de un compañero de clase y decoraremos el nombre una vez lo tengamos escrito. Añadiremos la fotografía y, de este modo, además de asociar los fonemas y los grafemas, iremos adquiriendo herramientas para interiorizar las pronunciaciones y los nombres de nuestra gente cercana.

FUROR

Materiales: Equipo o dispositivo con música. Papel y lápiz para anotar las respuestas

Desarrollo: Haremos dos equipos y nombraremos a un presentador o presentadora. Dentro de esta propuesta tenemos dos actividades. En la primera, el presentador dice una palabra y cada equipo tendrá que pensar y cantar una canción que contenga dicha palabra. Por turnos seguirán hasta que un equipo se quede sin ideas o repita una canción que haya salido ya. En la segunda dinámica, se escuchará un trozo de una canción y un equipo tendrá que continuar cantando el resto, luego el otro equipo...

TWISTER DE LETRAS HUMANAS

Materiales: Tizas grandes (opcionales).

Desarrollo: Nuestro objetivo en esta actividad es formar letras y palabras con nuestro cuerpo, haciendo uso de la expresión corporal y de la expresión no verbal. ¿Cómo? El maestro, mamá o papá dirá una letra o una palabra y el resto tendrá que formarla con su cuerpo. Por ejemplo, si dice la letra 'A' y son dos niños los que la van a formar, estos tendrán que, bien de pie, bien tumbados en el suelo, ir moviendo brazos y piernas y encogiéndose o estirándose hasta formar la letra en cuestión. Si la palabra elegida es 'Amigo', todos los compañeros irán formándola, dos harán la 'A', otros dos o tres la 'm', uno la 'i', otros dos o tres la 'g', dos la 'o'... las tizas pueden servirnos para escribir la letra en grande en el suelo y así tener clara la silueta que tenemos que formar.

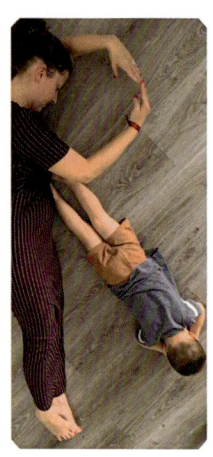

JUEGOS DE ROLES

Materiales: Disfraces y demás atrezo (de médicos, de tenderos, de maestros...), bebés y accesorios de muñecos, herramientas, alimentos de madera o juguete... cualquier objeto susceptible de hacer juego simbólico.

Desarrollo: En esta ocasión se trata de meternos en la piel de profesiones o situaciones cotidianas para que hagamos uso y pongamos en práctica nuestra expresión oral verbal y no verbal. O bien convertirnos en médicos y pacientes, o en mecánico y conductor, o en maestros y alumnos, o en papás y mamás, o en vendedores y compradores, o en cocineros, camareros y comensales... todo es bienvenido y al final podemos intercambiar los roles para experimentar todas las situaciones.

VEO VEO

Materiales: No se necesitan.

Desarrollo: Otra propuesta muy tradicional que sirve no solo para el aula o el patio, sino también para viajes, esperas y, en realidad, para cualquier momento es el conocido 'Veo veo', que no es más que la adivinanza 'Veo veo, ¿qué ves? Una cosita ¿y qué cosita es? Empieza por la letra...' y todos los presentes tratarán de adivinar el objeto en el que está pensando aquel que dio comienzo a la partida. El que lo acierte será el encargado de tomar el relevo y continuar con la adivinanza al pensar en un nuevo objeto que, eso sí, tendrá que estar presente en el espacio donde se encuentren todos y ser visible.

CHURRO WALKIE TALKIE

Materiales: Churro de natación o flotante para piscina.

Desarrollo: Utilizaremos el churro como si de un teléfono o walkie talkie se tratase. Mientras uno habla por una punta, el otro escucha por la otra tratando de entender lo que nos dice. La idea es o bien enviar un mensaje que el interlocutor ha de intentar comprender, o imitar sonidos de animales y que el otro trate de adivinar de qué animal se trata o incluso que mantengamos una conversación a través del churro. Cualquier opción que se nos ocurra nos va a ayudar a fomentar nuestra expresión oral y a pasar un buen rato.

QUIÉN ES QUIÉN

Materiales: Mítico juego 'Quién es quién' o, si no lo tenemos, lo fabricaremos con fotos o dibujos. Necesitaremos pinturas, cartulinas y un soporte para colocar nuestras tarjetas.

Desarrollo: El propósito de esta dinámica es adivinar de qué personaje se trata únicamente dando pistas y eliminando aquellos personajes que no concuerden con la descripción del que buscamos. Es decir, si nos toca adivinar a una señora pelirroja y con sombrero iremos preguntando: ¿es una mujer? Nos dirán que sí y eliminaremos a todos los hombres de nuestras tarjetas. ¿Es morena? Ahora nos dirán que no y eliminaremos a todas las mujeres de pelo oscuro. Y así seguiremos hasta dar con la persona que lleva sombrero y tiene el pelo de color rojizo.

HEDBANZ O ADIVINA QUIÉN SOY

Materiales: Juego llamado 'Hedbanz' o en su defecto post-it, rotuladores o lápices, tarjetas...

Desarrollo: Si hemos de 'crear' el juego iremos escribiendo o dibujando en los post-it o tarjetas un objeto, animal, personaje, etc. Cada uno se pondrá uno en la frente (que no podrá ver) y tratará de adivinarlo pero solo podrá hacer preguntas que se respondan con un 'sí' o con un 'no'. Por ejemplo: ¿es un animal? ¿vive en el mar? ¿es de color gris? Y así sucesivamente hasta adivinar que se trata, siguiendo con nuestro ejemplo, por ejemplo un delfín.

TELÉFONO ESCACHARRADO

Materiales: No se necesitan.

Desarrollo: Seguro que recordamos este mítico juego con el que pasábamos un buen rato tratando de descifrar lo que nos había dicho nuestro compañero. Colocados en fila, el primero dirá, al oído, al segundo, una palabra o frase tan rápido como pueda. El segundo se lo trasladará al tercero también a gran velocidad. Y así sucesivamente. Comprobaremos que cuando este mensaje llega a la última persona poco o nada tiene que ver con el que inicialmente se comunicó por parte del que inició la dinámica.

EL OBJETO SECRETO

Materiales: Una caja o bolsa con objetos variados que pueden ir desde una espátula hasta un peine pasando por una cuerda.

Desarrollo: Se trata de adivinar lo que se encuentra en la caja o bolsa y que los participantes no pueden ver bajo ningún concepto. El maestro, padre, madre o niño encargado de la caja tendrá que ir dando pistas y respondiendo a preguntas a fin de facilitar la resolución del enigma. También se puede intentar adivinar con sinónimos y antónimos y con cualquier variante que se nos ocurra.

¿QUÉ EMOCIÓN ES?

Materiales: Podemos elaborar tarjetas con emociones para reforzar el aprendizaje de las mismas con cartulinas, rotuladores, plastificadora...

Desarrollo: Esta propuesta es muy similar al juego de las películas pero con emociones. Es decir, uno de los niños tendrá 'asignada' una emoción que no podrá compartir con el resto. Deberá expresarla con lenguaje no verbal, con gestos, sonidos, etcétera. El resto tratará de adivinarla. Se puede jugar por equipos o por parejas y se pueden añadir tantas emociones o sentimientos como se quiera en función de la complejidad que queramos añadir a la actividad: rabia, tristeza, alegría, miedo, asco, empatía, culpa, nervios, aburrimiento, frustración, amor... No hay límite.

SOPLA LAS BOLITAS

Materiales: Pelotas de ping pong, rotuladores y un matasuegras o pajita

Desarrollo: Primero pintaremos cada letra con un rotulador sobre cada pelota. Después, nos dirán una letra, nombre, una palabra o una frase (según dificultad) y con el matasuegras o la pajita tendremos que ir soplando sobre cada pelota por orden, hasta formar la palabra o la frase que nos haya tocado.

PALABRAS RECICLADAS

Materiales: Frutas, legumbres, pastas, palillos, cápsulas de café, tapones… nos valen tanto objetos reciclados como alimentos.

Desarrollo: Quién no ha elaborado 'collages' con legumbres, pasta, frutas o incluso con las pegatinas de los quesitos. Del mismo modo podemos, en lugar de confeccionar cuadros o murales, componer letras y palabras. Así, por ejemplo, podemos formar la palabra 'fresa' con trocitos de fresas, la palabra macarrones con pasta, la palabra lentejas con esta legumbre o la palabra café con granos de café. De este modo, además de disfrutar de una actividad manipulativa y sensorial, estaremos identificando los objetos y asociándolos a sus grafemas mientras adquirimos vocabulario y nos aproximamos a la lectoescritura.

LA RULETA DE LA FORTUNA

Materiales: Genially o programa similar para crear una ruleta (podemos crearla también con cartón, pinturas, rotuladores y pegamento). Una pizarra blanca con rotuladores para los paneles.

Desarrollo: Cada quesito de la ruleta tendrá una letra que nos permi-tirá ir descubriendo la frase que se esconde detrás de nuestro panel. La idea es adivinar esa frase antes de que se complete con todas las letras. Podemos jugar por equipos o de forma individual, según se haga en casa o en el aula.

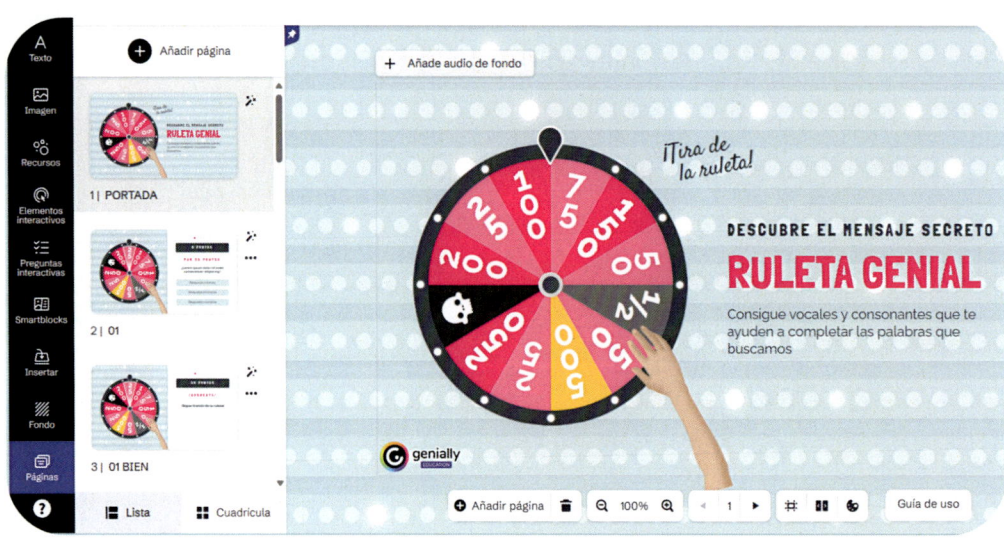

SOMOS CONFERENCIANTES

Materiales: Atril o similar (podemos usar una silla alta), papel o cartulina, pinturas o lápiz, o bien pizarra blanca y rotuladores, libros, Internet… todo lo que nos pueda ayudar a informarnos sobre un tema

Desarrollo: En esta actividad vamos a simular que somos conferenciantes de un tema específico (o que vamos a exponer un trabajo, simplemente, en clase). Tendremos que buscar información sobre ese tema concreto o bien en libros o en la Red y cuando lo tengamos, haremos nuestro esquema en cartulina, papel o pizarra, a base de dibujos o con palabras para exponerlo posteriormente delante de nuestros compañeros o familiares. El objetivo es adquirir esas habilidades comunicativas que nos van a permitir hablar en público, ya sea durante la presentación de un trabajo escolar, durante una reunión de trabajo o en una charla o conversación formal o no formal.

PESCAR PALABRAS

Materiales: Juego de pesca, letras de goma Eva o rotuladores.

Desarrollo: Este es el tradicional y conocido juego de pesca con imanes pero los peces tendrán letras pintadas o pegadas de goma Eva. Tendremos que ir pescando los peces por orden a fin de formar la palabra o las palabras seleccionadas de antemano.

ESCENAS COTIDIANAS

Materiales: Papel, lápiz, reloj de arena y accesorios de atrezo.

Desarrollo: Esta dinámica es parecida a la del juego simbólico, solo que en lugar de profesiones o de juego 'libre' vamos a proponer determinadas situaciones en las que practicaremos nuestra expresión oral, verbal y no verbal, y escrita. Entre las propuestas tendremos que escribir una carta al ayuntamiento pidiendo, por ejemplo, que no talen los árboles de un determinado parque, o por parejas escenificaremos una conversación entre jefe y empleado en la que este último le solicita un día libre para poder ir a un viaje familiar que tiene planificado. La idea es plantear distintas situaciones cotidianas que pueden presentársenos para afrontarlas con cierta solvencia comunicativa.

EL OCULISTA

Materiales: unas gafas (pueden ser de cartón o papel), bata blanca, panel con letras de diferentes tamaños.

Desarrollo: En línea con el juego simbólico y de roles, en esta ocasión vamos a montar una consulta de oftalmología para que, a partir de ir viendo las letras de diferentes tamaños y colores y con un ojo, con otro, con gafas... podamos ir identificándolas y nombrándolas en voz alta. Esta actividad es ideal para la etapa 0-6 dada su aproximación a la lectoescritura.

HACEMOS UN EXPERIMENTO CON LETRAS

Materiales: Vinagre, bicarbonato de sodio, colorante alimentario y pipeta.

Desarrollo: Proponemos este experimento pero puede ser cualquier otro. Lo que pretendemos con esta propuesta es fomentar las preguntas, el espacio para la conversación y para el asombro y las explicaciones y comunicación verbal, en definitiva. Con el bicarbonato y el colorante damos forma a nuestras letras y congelamos. Después, con ayuda de la pipeta iremos vertiendo vinagre sobre las letras para ver cómo se 'desintegran'. Les preguntaremos por qué creen que sucede esto y dejaremos que nos pregunten. Después, explicaremos por qué ocurre.

HISTORIA DE UN CUADRO

Materiales: Imágenes de cuadros u obras de arte, papel y lápiz o pinturas, música (opcional).

Desarrollo: Esta actividad puede hacerse de dos formas: oral o por escrito/dibujos. En primer lugar, tendremos que observar un cuadro elegido y después relataremos una historia inspirada en ese cuadro, o un cuento, o bien aquello que nos imaginemos que pretendía contar el pintor. La segunda opción es hacerlo por escrito o con dibujos. Podemos escuchar música durante la dinámica para una mayor experiencia inmersiva y más enriquecedora.

MEMORY DE LETRAS

Materiales: cartas con letras o con palabras y dibujos asociados a cada una.

Disponible en @lara_mamaestra

Desarrollo: Aquí podemos fabricar nuestras propias letras de dos maneras: o bien plasmando la misma letra/palabra en dos cartas (para que puedan emparejar), o bien, si queremos incrementar la dificultad, realizaremos una carta que contendrá una letra y su pareja contendrá la palabra que empieza por esa letra. Por ejemplo 'A' y 'Avión'. En ambos casos la idea es tener boca abajo las cartas e ir levantando de dos en dos. Si en ese turno las dos cartas que levantamos son pareja,

las cogemos y continuamos levantando, si no tendremos que ceder el turno al siguiente participante.

EL AHORCADO

Materiales: Si no disponemos del juego en sí, podemos elaborarlo con papel y lápiz, o bien con una pizarra y tizas o rotuladores especiales.

Desarrollo: Este pasatiempo consiste en ir adivinando una palabra o frase oculta, letra a letra y con cada fallo vamos añadiendo una parte del dibujo de un ahorcado. El objetivo es adivinar la palabra o la frase escondida antes de que se complete el dibujo, es decir, antes de los 10 errores, que son normalmente los pasos que tardamos en ir dibujando el ahorcado.

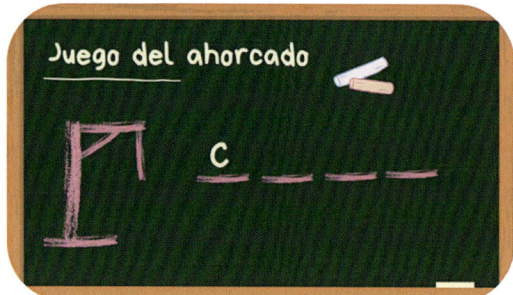

DIME LO QUE ESTOY PENSANDO

Materiales: Lápiz y papel.

Desarrollo: Aquí determinaremos varias categorías: película, número, color, letra, etcétera. Uno será el encargado de pensar una opción para cada uno de los apartados y el resto escribirá lo que creen que está pensando esa persona. Si aciertan se llevan un punto. El que más puntos consiga será el que piense las categorías en el siguiente turno.

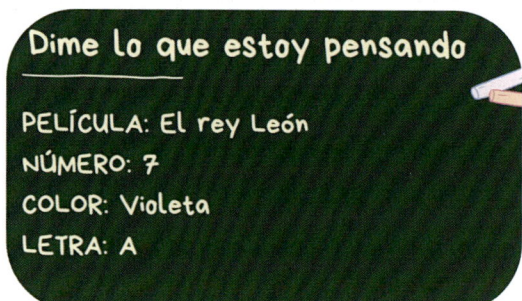

PÁDEL DE LETRAS

Materiales: Cuencos de colores (o similar), pompones, goma Eva.

Desarrollo: Recortaremos letras y pegaremos una sobre cada pompón. Una vez las tengamos todas ya podemos jugar al 'pádel' usando los cuencos a modo de pala. Iremos cogiendo cada pompón con el cuenco y lanzándoselo a nuestro compañero, que tendrá que hacer lo mismo. Si el pompón se cae antes de que hayamos podido coger y lanzar una vez cada pompón, lo pondremos en una bandeja. Después tendremos que tratar de formar palabras con esas letras que se han 'caído'.

ENCUENTRA LAS PALABRAS OCULTAS

Materiales: Lápiz y papel.

Desarrollo: La idea de esta propuesta es partir de una palabra más o menos larga (tipo 'amapola', por ejemplo) y crear nuevas palabras usando esas letras ('mapa', 'ama', 'lapa', 'mala'…), tantas como podamos. Lo podemos hacer por equipos o de uno en uno, y una vez que agotemos todas las opciones de una palabra pasaremos a la siguiente. También tenemos la opción de encontrar las palabras en un tiempo determinado o hacerlo antes que el otro equipo o que el otro contendiente.

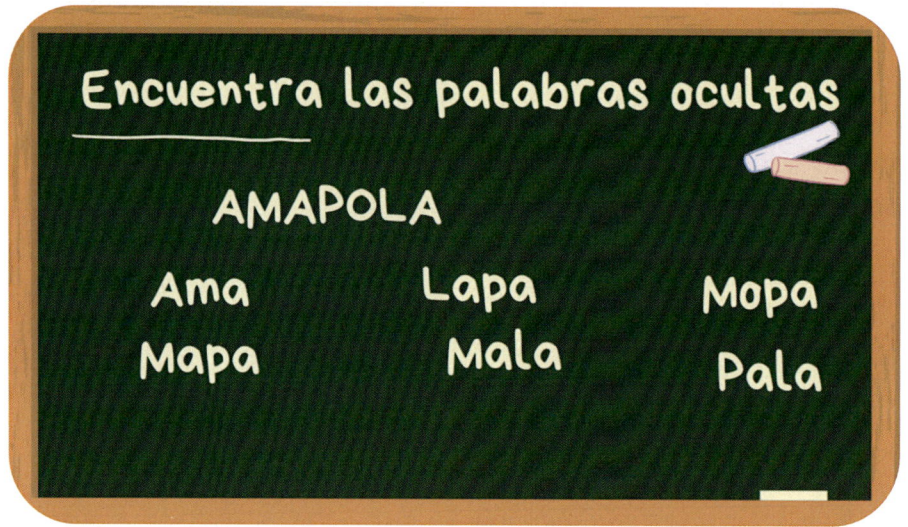

UN CONCIERTO EN DIRECTO

Materiales: Recogedor, cepillos de barrer o escobas, plumeros, cepillos del pelo, latas y palos... objetos cotidianos que tengamos por casa o en el aula.

Desarrollo: Vamos a ofrecer un súper recital casero de lo más divertido que nos va a servir para perder el miedo escénico, improvisar y pasar un buen rato. Formaremos un grupo (o varios) y nombraremos a un cantante que se encargará de ejercer de vocalista del grupo gracias a un recogedor de pie, de los que tienen palo. Pondrá sus pies en el soporte y agarrará el palo como si fuera un micrófono. El resto acompañaremos con guitarras (cepillos y plumeros) y baterías. Tendremos que ir inventando canciones para entretener a nuestro público, que aplaudirá y silbará si hemos conseguido nuestro objetivo.

CIFRAS Y LETRAS

Materiales: Una ruleta o un saquito con letras, papel y lápiz (o pinturas).

Desarrollo: La ruleta nos dará nueve letras (o las extraeremos de nuestro saquito) y nuestro objetivo es formar la palabra más larga posible a partir de esas nueve letras, es decir, si podemos deberíamos incluir todas la letras o, al menos, cuantas más, mejor.

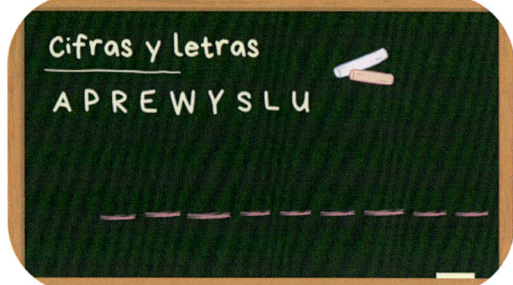

JUGANDO A LOS "BOLETRAS"

Materiales: Vasos de plástico o de cartón, rotulador permanente, pelota pequeña.

Desarrollo: Escribiremos sobre cada vaso una letra bien visible y colocaremos nuestros vasos boca abajo en el suelo, formando una palabra o orden alfabético. Tendremos que derribar con la pelota el vaso que contenga la letra que nos toque, a fin de formar la palabra que buscamos o bien para continuar con el abecedario hasta completarlo.

DIBUJA LO QUE OYES

Materiales: Pizarra con rotuladores o papel y pinturas.

Desarrollo: Mientras una persona describe un objeto que vea (sin decir lo que es), la otra persona ha de intentar dibujarlo con la mayor exactitud posible basándose en esas descripciones.

REMOLCANDO MI CAMIÓN

Materiales: Piedras, rotulador permanente, camión grande, tarjetas con palabras.

Desarrollo: En cada piedra pintaremos una letra (podemos repetir por ejemplo con las vocales o con las más frecuentes: 'r', 's'...). La idea es que nuestros peques carguen con el remolque del camión las piedras que necesitan para formar la palabra que aparece en la tarjeta en cuestión. Después de cargarlas en el camión y transportarlas hasta donde esté la tarjeta, han de formar la palabra.

CAJA DE SONIDOS

Materiales: Una caja Montessori o una caja de plástico con cajoncitos (como las que se emplean para almacenar tornillos), objetos en miniaturas, pegatinas o papel, celo y rotuladores.

Desarrollo: La caja de los sonidos Montessori ayuda a desarrollar habilidades lingüísticas. Cada compartimento representa un fonema para trabajar la conciencia fonológica y su correspondencia sonido/grafía de manera manipulativa y sensorial. La 'B' y la 'V' por ejemplo van en el mismo compartimento, y lo mismo sucede con la 'C' y la 'Z'. La 'C' la ubicaremos en dos cajones por su doble sonido ('Ca' y 'Ce'). En el segundo cajón compartirá espacio con la 'K' y la 'Q'. Pondremos en la parte frontal del cajón la letra o las letras y dentro del cajón el objeto en miniatura correspondiente (por ejemplo, en la 'P' un pajarito de madera pequeño).

INSTRUCCIONES A CIEGAS

Materiales: Algo para tapar los ojos, obstáculos con bloques de espuma o los propios obstáculos del aula/de casa.

Desarrollo: Por parejas, uno se tapará los ojos y el otro tratará de darle instrucciones para que pueda avanzar y realizar el recorrido sin chocarse. Las explicaciones han de ser precisas y exactas para que podamos llegar al final ¡sanos y salvos!

DOS VERDADES Y UNA MENTIRA

Materiales: Papel y lápiz.

Desarrollo: Esta dinámica está pensada para niños un poco más mayores. Cada uno escribirá en un papel dos verdades y una mentira curiosas u originales sobre sí mismo, pero sin especificar cuál es la afirmación falsa. Por turnos iremos diciendo esas tres frases sobre nosotros mismos y los demás tendrán que adivinar cuál es la que no corresponde con la realidad. Por ejemplo: "una vez vi una serpiente rosa, tengo 27 primos y tengo una estrella con mi nombre".

Dos verdades y una mentira

Viajé a la Antártida
Gané un concurso de fabricación de abanicos
Hablo inglés y ruso

CONSTRUCCIONES

Materiales: Construcciones o legos, rotuladores, papel, adhesivo...

Desarrollo: En cada pieza de construcción escribiremos una letra. Tendremos que ir 'construyendo' palabras, nuestro nombre, frases... con esas piezas.

CADA OVEJA CON SU PAREJA

Materiales: Cartas, letras.

Desarrollo: Con las propias cartas del Memory u otras similares como las de la imagen, el objetivo es asociar cada letra con la palabra cuya inicial la constituya esa misma letra.

LETRAS BRILLANTES

Materiales: Mesa de luz, letras neón o luz negra.

Desarrollo: Sobre la mesa de luz o con luz negra experimentaremos formando palabras y frases, al tiempo que nos dejaremos sorprender y fascinar por el juego de luces y el brillo de las letras en la oscuridad.

CARRERA DE LETRAS

Materiales: Coches, letras con goma Eva o con pegatinas y rotuladores

Desarrollo: Haremos una carrera de letras con nuestros coches. Cada coche llevará una letra pegada. La letra que resulte ganadora será la inicial por la que tendremos que buscar palabras de manera alterna hasta que uno se quede sin ideas o repita una palabra ya dicha.

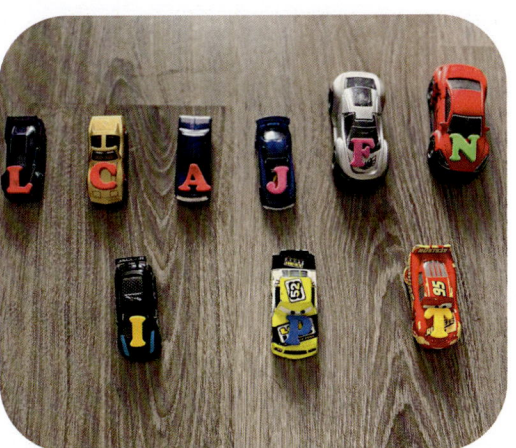

TUBOS DE LETRAS

Materiales: Tubos de colores sensoriales.

Desarrollo: La idea es formar letras con estos tubos que se estiran y encogen. Si los peques son más mayores, podemos formar palabras e incluso frases. El sonido al estirar y encoger y la motricidad y coordinación óculo manual serán habilidades que también vamos a trabajar con esta actividad.

QUÉ LETRA FALTA

Materiales: Cinta de carrocero, letras imantadas o de cualquier otro tipo.

Desarrollo: Sobre cinta de carrocero iremos escribiendo las letras del abecedario, todas menos una, dejando suficiente espacio para que los peques puedan ir poniendo al lado o debajo su correspondiente letra imantada (o de cualquier otro material). Tendrán que adivinar cuál es la letra que falta por escribir en la cinta de carrocero y que será, justamente, la que a ellos les sobre una vez terminen de colocar todas sus letras.

Materiales: Palitos depresores, rotuladores o letras de goma Eva.

Desarrollo: Pintaremos o pegaremos sobre cada palito una letra. Podemos formar palabras predefinidas con los palitos o bien meter solo las vocales en un saquito y la vocal que saquemos será con la que tengamos que hablar durante un minuto. Por ejemplo, si sacamos la E, 'tendremes que hebler tede el teempe esé'.

Materiales: Para esta actividad necesitaríamos tarjetas con temas variados.

Desarrollo: Sin libros ni dispositivos, tendremos que hablar durante un minuto del tema que nos haya tocado: dinosaurios, ríos, un país, coches, unicornios, hadas y duendes, los planetas, los animales marinos, las verduras…. O cualquier otro tema de los que hayamos elegido y que nos haya sido asignado al azar o al cogerlo de una cajita.

• •

Si te has quedado con ganas de más, ponte en contacto conmigo y te pasaré algunas actividades extra para practicar con tus hijos o alumnos las habilidades comunicativas orales, escritas y no verbales, así como un recurso gratuito de comprensión lectora.

MI BLOC DE NOTAS
'COMUNICA BOOK'

Mi bloc de notas
'comunica book'

Crearemos un texto a partir de un suceso que nos haya ocurrido hoy.

1. ordenamos nuestras ideas en un esquema

Mi bloc de notas
'comunica book'

Crearemos un texto a partir de un suceso que nos haya ocurrido hoy.

2. realizaremos un borrador ordenado

Mi bloc de notas
'comunica book'

Crearemos un texto a partir de un suceso que nos haya ocurrido hoy.

3. usaremos menos de 30 palabras por frase, recurriremos a datos en lugar de a un exceso de adjetivos y eliminaremos palabras ambiguas y que den lugar a confusión

---

Mi bloc de notas
'comunica book'

Crearemos un texto a partir de un suceso que nos haya ocurrido hoy.

4. revisaremos signos de puntuación y corregiremos ortografía

---

Mi bloc de notas
'comunica book'

Crearemos un texto a partir de un suceso que nos haya ocurrido hoy.

5. cambiaremos una coma de sitio para comprobar cómo varía el sentido del texto

---

Mi bloc de notas
'comunica book'

1.
2.
3.
4.
5.
6.
7.
8.
9.
10.

AGRADECIMIENTOS Y CONTACTO

Gracias Álex. Eres la luz que lo ilumina todo, incluso cuando no hay faro en el mar. Porque es entonces cuando aparece tu sonrisa. Mi metamorfosis y mi renacer llegaron contigo, y me enseñaste cosas de mí misma que no sabía que existían. Prometo acompañarte y cuidarte siempre. Prometo seguir equivocándome, pero intentando siempre mejorar y aprender en este viaje llamado vida, en el que también me acompaña tu papá. Gracias, Javi por cogerme de la mano en cada una de mis locuras.

Gracias, familia. Mamá, Nany, papá, Dani y Lucía. Por estar. Por estar SIEMPRE y con mayúsculas. Por apoyar mis aventuras y por recogerme cuando en ellas me encuentro tormentas que no sé atravesar. La familia es refugio seguro y vosotros, junto con Carol, Bea, Vane, Javi, abuela y todos los demás, siempre sois CASA.

Gracias a mis dos estrellitas fugaces y a mi abuela Lucía, por ser la estrella mayor que cuida, estoy segura, de las dos.

Gracias Ixo y Tania. Porque demostráis que las distancias son solo un número cuando se trata de amistad. Gracias Sandra. Por atreverte un día a escribir una carta que lo cambió todo y por seguir ahí.

Gracias Sara y Manu, por sumaros sin dudar a esta idea. A la editorial, por confiar en este tesoro en forma de libro incluso antes que yo misma.

A los que, quizá sin saberlo, habéis contribuido a que hoy por hoy sea lo que soy. Gracias Alberto y Eva, a Miriam y a mis 23 girasoles que continuamente reparten luz cuando a alguna nos falta, a Violeta y Rubén, Jeni, Jose y Eva, amigos del cole, de la uni, mamis y papis que me acompañáis en estos últimos tiempos y que os habéis convertido no solo en vecinos o amigos, sino en familia…

A ti, que estás leyendo estas páginas. Porque en algún momento pensaste que este libro podía ayudarte para poder ayudar a su vez a tus hijos o alumnos. Gracias.

CONTACTO

Si quieres contactar conmigo estoy disponible en Instagram , Twitter (@lara_mamaestra) y Linkedin (*www.linkedin.com/in/ larafernandez*).

BIBLIOGRAFÍA

la Lengua Española. Logroño: Unir editorial.

Aguaded, Gómez, J. I. (1995). La educación en medios de comunicación, más allá de la transversalidad. Revista *Comunicar*, *4*, 111-113.

Aguaded Gómez, J. I. (1999*)*. La educación en medios de comunicación en el ámbito europeo: un movimiento para el siglo XXI. *Revista de Medios y Educación*, *12*, 13-32.

Ausubel, D., Novak, J. D. y Hanesian, H. (1976). *Psicología educativa: un punto de vista cognoscitivo*. México: Trillas, 53-106.

Bruner, J. (1986). *El habla del niño. Aprendiendo a usar el lenguaje*. Barcelona: Paidós, 132

Cabero Almenara, J. (2007). *Nuevas tecnologías aplicadas a la educación*. Madrid: McGraw Hill.

Caldeiro Pedreira, M. C., Maraver López, P. y Marín Gutiérrez, I. (2017). Competencia mediática en la etapa infantil en España. Magis. Revista internacional de investigación en educación, 10 (2), 35-48.

Chomsky, N. (2004). La *arquitectura del lenguaje*. Barcelona: Editorial Kairós.

Crespo, M. Á. G., Yaque, Á. S., Pozo, J. I. y Luque, M. L. (1991). Conocimientos previos y aprendizaje escolar. *Cuadernos de Pedagogía* (188), 12-14.

Decreto 17/2008, de 6 de marzo, del Consejo de Gobierno, *por el que se desarrollan para la Comunidad de Madrid las enseñanzas de la Educación Infantil*. Boletín Oficial de la Comunidad de Madrid, 61, 12 de marzo de 2008, 7-13.

Dewey, J. (1909). *Moral principles in Education*. Cambridge (Massachusetts): Riverside Press.

Fernández, L. (2018). *Niños periodistas. Los medios, recurso lúdico para favorecer la expresión oral en Educación infantil*, TFG. Universidad Internacional de La Rioja.

García-Ruiz, R., García, A. R. y Rosell, M. D. M. R. (2014). Educación en alfabetización mediática para una nueva ciudadanía prosumidora. *Comunicar. Revista científica iberoamericana de comunicación y educación, (43)*, 15-24.

García-Ruiz, R., Gozálvez Pérez, V. y Aguaded Gómez, J. I. (2014). La competencia mediática como reto para la educomunicación: instrumentos de evaluación. *Cuadernos. Info (35)*, 15-27.

Giraldo Vargas, M. L. (2011). Las TIC integradas en el currículum de infantil. En J. H.

Ortega, M. Pennesi Fruscio, D. Sobrino López y A. Vázquez Gutiérrez. *Experiencias educativas en las aulas del s. XXI. Innovación con TIC* (29-33). Madrid: Ariel. Marks Greenfield, P. (1999). *El niño y los medios de comunicación*. España: Morata. 130.

Hernán Serrano, J. (1997). Hacia una cultura comunicativa. Revista *Comunicar, 8*, 17-24.

Morduchowicz, R. (2001). Los medios de comunicación y la educación: un binomio posible. *Revista Iberoamericana de Educación, 26.* 97-117.

Morón, Marchena, J. A. (1993). La prensa en Educación Infantil. Uso pedagógico de los medios de comunicación social. Revista *Comunicar,1*,10-16.

Ortega Carrillo, J. A. y Fuentes Esparrel, J. A. (2001). La motivación en Educación Infantil con medios de comunicación y tecnologías multimedia. *Publicaciones, 31*, 133-152.

Pérez Tornero, J. M. (2008). *Comunicación y Educación*. Mentor Association. Unesco, 10. Recuperado de https://bit.ly/1PvWhS4

Piaget, J. e Inhelder, B. (1997). *Psicología del niño*. Ediciones Morata. 14ª edición. Madrid.

Prado Aragonés, J. (2001). La competencia comunicativa en el entorno tecnológico: desafío para la enseñanza. *Revista Comunicar, 17,* 21-30.

Quiroz-Velasco, M.T. (1997). Propuestas para la educación y la comunicación. Revista *Comunicar, 8.* Andalucía, 31-38.

Real Academia Española (2014). *Diccionario de la lengua española,* 23ª ed. Barcelona. Espasa.

Real Decreto 1630/2006, de 29 de diciembre, *por el que se establecen las enseñanzas mínimas del segundo ciclo de Educación Infantil.* BOE, 4, 4 de enero de 2007, 474-482.

Román, S. (2007). Audacity. Revista *Eufonía. Didáctica de la Música,73,* 73-75.

Skinner, B. F. (1981). *Conducta verbal.* México: Editorial Trillas.

Skinner, B. F. (1994). *Sobre el conductismo.* Barcelona: Editorial Planeta.

Villar Angulo, L. M y Cabero, J. (1995). *Aspectos críticos de una reforma educativa.* Sevilla: Almenara.

Vygotsky, L. (1995). *Pensamiento y lenguaje.* Buenos Aires: Ediciones Fausto.